AUF DEM PUNKT

Herfried Münkler

Die Zukunft der Demokratie

Aus der Reihe »Auf dem Punkt«

Herausgegeben von Hannes Androsch

Vorwort des Herausgebers

Unsere Welt befindet sich in tiefgreifendem, rasantem Wandel. Der Umbruch der Gesellschaft mit ihrer zunehmenden Komplexität und der Umbruch politischer Ordnungen führen zu neuer Unübersichtlichkeit, welche wachsende Verunsicherung erzeugt.

Um dies abzuwenden, bedarf es Orientierung und zukunftsfähiger Perspektiven. Angesichts von Halbwahrheiten und Schlagworten in alten und neuen Medien ist es notwendig, Relevantes und Irrelevantes, Sinn und Unsinn zu unterscheiden. Und es wird fundiertes Wissen über die großen Themen der Gegenwart benötigt, um durch die Flut von Daten, Halbwahrheiten und Fake News navigieren zu können und sich zurechtzufinden. Aus diesem Grund nehmen führende Intellektuelle, Expertinnen und Experten in der Reihe **Auf dem Punkt** zu den großen Fragen unserer Zeit Stellung.

Die Menschheitsgeschichte ist geprägt von Unterwerfung, Unterjochung und Verknechtung in autokratischen Systemen. Demokratie hingegen ist eine jüngere Entwicklung, zumal in der Form, in der wir sie heute verstehen. Abraham Lincoln formulierte im Jahr 1863 den Wunsch, »dass die Regierung des Volkes, durch das Volk und für das Volk nicht von der Erde verschwinden möge«. Diese Regierungsform ist Ausdruck einer Entwicklung, die ihre Wurzeln im Humanismus und in der Aufklärung hat. Sie hat Ausprägung in der amerikanischen Unabhängigkeitsbewegung und der französischen Revolution gefunden. Winston Churchill nannte die Demokratie in einer Rede 1947 »die schlechteste aller Regierungsformen – abgesehen von all den anderen Formen, die von Zeit zu Zeit ausprobiert worden sind«.

Demokratien sind fragil und immer wieder gefährdet, sehr leicht sterben sie einen stillen Tod in Dunkelheit. Die Zunahme autokratischer Regime zeigt dies deutlich. Herfried Münkler führt uns hier kenntnisreich durch die Geschichte der Entwicklung der Demokratie, zeigt ihre zunehmende Gefährdung im postfaktualen Zeitalter auf und eröffnet uns den Blick auf das, was zu tun ist, um Freiheit und Rechtsstaatlichkeit unter demokratischen Bedingungen zu gestalten und damit zu erhalten.

Dr. Hannes Androsch

Vorbemerkung

Die Demokratie der Zukunft wird eine andere sein als die Demokratie der Gegenwart. Bliebe sie dieselbe, so hätte die Demokratie keine Zukunft. Sie muss vielmehr durch eine Reihe von Veränderungen zukunftsfähig gemacht werden, um Bedrohungen und Herausforderungen gewachsen zu sein, wie sie bereits jetzt erkennbar sind. Es sind Bedrohungen von außen, die im Zuge einer sich dramatisch verändernden Weltordnung auf die Demokratien zukommen, unter anderem in Form einer hybriden Kriegsführung, mit der die russische Führung seit Jahren die europäischen Demokratien zu destabilisieren sucht. Es sind aber ebenso Bedrohungen von innen – einerseits meine ich damit eine wachsende Gleichgültigkeit der Bevölkerung gegenüber der bürgerschaftlichen Teilhabe an der Politik, andererseits eine offen zur Schau gestellten Feindseligkeit gegenüber dem demokratischen Rechtsstaat vonseiten derjenigen, die meinen, eine Demokratie gebe es nur dann, wenn ihr eigener Wille gelte und durchgesetzt werde. Weil das jedoch nicht der Fall ist und die liberale Demokratie eine Reihe von rechtlichen Beschränkungen des Volkswillens aufweist, erklären sie, die bestehende Ordnung sei überhaupt keine Demokratie und eine Demokratie habe man in Europa schon lange nicht mehr.

Gegen diesen doppelten Angriff muss sich die Demokratie verteidigen können, aber das hat Voraussetzungen, die zurzeit nicht oder nur teilweise gegeben sind. Dabei geht es weniger um rechtliche Möglichkeiten und institutionelle Arrangements als um den entschiedenen Willen einer Mehrheit der Bürgerinnen und Bürger, die demokratische Ordnung gegen ihre Feinde verteidigen zu wollen. Demgemäß steht die Gestalt engagierter Bürgerinnen und Bürger im Zentrum dieses Essays. An ihnen, ihrer Bereitschaft zum Engagement, ihrer Sachkompetenz und ihrer politischen Urteilskraft, entscheidet sich die Zukunft der Demokratie. Die zahllosen Herausforderungen, die sich bereits jetzt stellen und die in Zukunft noch bedrängender werden dürften, von der Resilienz gegenüber den sich mit großer Wahrscheinlichkeit häufenden Pandemien bis zur Begrenzung des Klimawandels und des Artensterbens, von der

An den engagierten
Bürgerinnen
und Bürgern,
ihrer Bereitschaft
zum Engagement,
ihrer Sachkompetenz
und ihrer politischen
Urteilskraft,
entscheidet sich
die Zukunft
der Demokratie.

Bekämpfung des Hungers im globalen Süden bis zu den Kriegen an den Rändern Europas, werden sich in demokratischer Form nur bearbeiten lassen, wenn die Mehrheit der Bevölkerung eines Landes aus Bürgerinnen und Bürgern besteht, die sich den bürgerschaftlichen Aufgaben auch stellen. Das heißt: Wenn die Demokratie als politische Ordnung so attraktiv ist, dass eine Mehrheit der Bevölkerung den Willen hat, nicht nur qua Personaldokumenten, sondern auch im politikpartizipativen Sinn Bürgerin und Bürger zu sein. Die Demokratie der Zukunft ist auf das Vorhandensein möglichst vieler engagierter, sachlich kompetenter und urteilsfähiger Menschen angewiesen – oder sie hat keine Zukunft.

1

Wie es um die Demokratie bestellt ist

Die Zuversicht der 1990er Jahre, wonach der Demokratie die politische Zukunft gehöre und nur noch einige wenige Länder ihrer Demokratisierung Widerstand leisteten, ist schon seit längerem verflogen.

Dass die Demokratie weltweit auf dem Rückzug ist, dass ihr Gefahr von innen heraus droht, ist eine Beobachtung der 2010er Jahre, die eng mit dem Aufkommen populistischer Bewegungen verbunden ist. Größere Teile der Bürgerschaft haben sich von der Demokratie abgewandt, entweder weil sie an der politischen Teilhabe – dem Unterscheidungsmerkmal der Demokratie gegenüber anderen Regierungsformen – desinteressiert sind oder gar behaupten, die bestehende Demokratie sei überhaupt keine »Herrschaft des Volkes«, wie der Name es eigentlich festlegt, sondern eine Oligarchie, in der einige wenige das Sagen hätten und »das Volk« belogen und betrogen werde.

Dass die Demokratie akut von außen bedroht ist, dass sie in einem unerbittlichen Konkurrenzkampf mit autoritär-technokratischen Systemen (etwa China) oder autoritär-autokratischen Regimen (Russland und weiteren) steht und sich dabei eher in der Defensive als in der Offensive befindet, ist eine Erkenntnis jüngerer Zeit. Diese Dynamik zeigte sich vor allem in den 2020er Jahren, seitdem China nicht mehr nur als Absatzmarkt für eigene Produkte und Lieferant billiger Waren, sondern als systemischer Konkurrent wahrgenommen wird und Russland als aggressiver Widerpart der demokratischen Ordnung auftritt, der seine Nachbarn mit militärischer Gewalt zu überziehen bereit ist – zumal dann, wenn es sich um Länder mit demokratischer Ordnung handelt. Sicherlich kann man sagen, es sei eher ein Zeichen demokratischer Stärke als Schwäche, wenn sich die autokratische Führung im Kreml durch die Konsolidierung von Demokratien in ihrer Umgebung bedroht fühlt, doch wenn sie die demokratischen Pflänzchen in ihrer Nachbarschaft ausreißt, trägt die russische Politik – statistisch betrachtet – zum globalen Rückgang der Demokratie, zur »demokratischen Regression« bei.[1]

Der demokratische Rechtsstaat ist in den 2020er Jahren also von zwei Seiten her bedroht: von außen und von innen, wobei sich die Gefahr von außen in unterschiedlicher Form manifestiert: durch das drohende und gewaltsame Agieren Russlands und durch die leise, aber raumgreifende Ausweitung der chinesischen Einflusszonen. Und inzwischen, seit der erneuten Wahl Donald

J. Trumps zum Präsidenten der USA und der von diesem eingeleiteten Politik des internen Umbaus, auch vonseiten der USA und deren mitunter verächtlichem Auftreten gegenüber den europäischen Demokratien.

Bedrohung von außen: Russland und China

Nun wird man schwerlich behaupten können, Putins brutaler Überfall auf die Ukraine und die Spur der Verwüstung, die er dabei hinterlassen hat, habe zur gesteigerten Attraktivität autoritär-autokratischer Systeme in West- und Mitteleuropa beigetragen. Im Gegenteil: Zumindest kurzfristig hat der Ukraine-Krieg dazu geführt, dass die vordem zutiefst gespaltene Europäische Union sowie die an der Frage nach ihrem Sinn und Zweck laborierende NATO wieder zu leidlicher Geschlossenheit zurückgefunden haben und das Bewusstsein vom Wert einer freiheitlichen Ordnung in großen Teilen der europäischen Bevölkerung einen neuen Aufschwung erhalten hat. Andererseits hat der russische Angriffskrieg gegen die Ukraine aber auch die dramatische Verwundbarkeit des demokratischen Europa offengelegt. Erstens im Hinblick auf die dominierende Vorstellung, wonach die Ära der militärischen Macht zu Ende sei und künftig wirtschaftliche Macht und kulturell-zivilisatorische Attraktivität die Hauptrolle spielen würden.[2] Zweitens mit Blick auf die ausgeprägte Sorglosigkeit, die sich gerade in Demokratien hinsichtlich der unterstellten Friedfertigkeit autoritär-autokratischer Akteure breitgemacht hat, verbunden mit einem starken Widerwillen, alles, was dieser Annahme widerspricht, überhaupt zur Kenntnis zu nehmen. Erst mit dem Beginn des Angriffskriegs gegen die Ukraine wurde in der breiten Öffentlichkeit darüber diskutiert, dass Putins Russland schon seit Langem immer wieder zum Mittel militärischer Gewalt gegriffen hat: vom Zweiten Tschetschenienkrieg und den Ruinen Grosnys über den Krieg gegen Georgien im Jahre 2008 und die Annexion der Krim sowie die militärische Unterstützung der Separatisten im Donbas in 2014, sodann die massive Intervention in den syrischen Bürgerkrieg seit dem Jahre 2015 bis hin zum Einsatz der Söldnereinheit »Gruppe Wagner« – sie nennt sich inzwischen »Afrikakorps« – in den innergesellschaftlichen Kriegen Nordafrikas.[3]

Die Gründe für das Ignorieren der militärisch aggressiven Politik Russlands im Westen, insbesondere in Europa, waren vielfältiger Art; beginnend bei einem forcierten Desinteresse an außen- und sicherheitspolitischen Fragen, wie es für Demokratien durchaus charakteristisch ist, über den Einwand, man könne Putin nicht zum Vorwurf machen, was der »Westen« selber tue – womit man westliche Militärinterventionen von Bosnien über den Irak bis nach Afghanistan meinte –, bis hin zu der Behauptung, Russlands militärisches Handeln sei auf das Gebiet der ehemaligen Sowjetunion begrenzt und darum nicht eigentlich bedrohlich, sondern nur an der Wiederherstellung des früheren Herrschaftsraums der Zaren oder Sowjets interessiert – womit dem aggressiven Auftreten Russlands eine gewisse Legitimität zugebilligt wurde. Seit der tiefgreifenden Zäsur vom 24. Februar 2022 – dem russischen Überfall auf die Ukraine – muss man dies grundlegend anders deuten: Die Interventionen des »Westens« waren entweder, wie die in Afghanistan, UN-mandatiert oder sie dienten, wie die in Bosnien und im Kosovo, der Beendigung eines Bürgerkrieges – der Irakkrieg der USA und einiger Verbündeter ist hier die große Ausnahme –, während sich derlei von Putins Kriegen schwerlich sagen lässt: Diese dienten und dienen der Aufrechterhaltung oder Ausweitung russischer Einflusszonen und haben insofern eine stark imperialistische Dimension, die sich hinter der Behauptung verbirgt, man agiere lediglich so wie die USA und deren Verbündete. Dass die westlichen Interventionen, jedenfalls überwiegend, der Verhinderung oder Beendigung von Verbrechen gegen die Menschlichkeit oder der Durchsetzung von Menschen- und Bürgerrechten dienten, geriet bei der Gleichsetzung ebenso in den Hintergrund wie der Umstand, dass die russischen Kriege gegen Demokratien geführt wurden, die dem Herrschaftswillen Putins im Weg standen – und dies gegen den Mehrheitswillen der Bevölkerung in den angegriffenen Staaten. Indem man das russische und das westliche Vorgehen gleichsetzte, entledigte man sich der Herausforderung, für die Verteidigung der Menschenrechte und der Demokratie in aller Welt Partei ergreifen zu müssen. Man versteckte sich hinter den Beschlüssen oder Nicht-Beschlüssen des UN-Weltsicherheitsrats und tat so, als sei man ein neutraler Zuschauer des Weltgeschehens, für den das Veto einer autoritär-autokratischen Macht politisch und moralisch dasselbe Gewicht hat wie die lange beratenen und mühsam austarierten Beschlussvorlagen der demokratischen Staaten.

Zu dem für Demokratien charakteristischen Desinteresse an außen- und sicherheitspolitischen Fra-

Indem man
das russische und
das westliche
Vorgehen gleichsetzte,
entledigte
man sich der
Herausforderung,
für die Verteidigung
der Menschenrechte
und der Demokratie (...)
Partei ergreifen
zu müssen.

gen gehört auch das vorherrschende Ignorieren der seit mehr als einem Jahrzehnt von Russland betriebenen Politik einer systematischen Destruktion gegenüber EU und NATO. Diese Politik verfolgt durchweg das Ziel, die jeweiligen Mitgliedsstaaten gegeneinander auszuspielen oder gegeneinander aufzubringen, um deren Zusammenhalt zu schwächen und einzelne Mitgliedsländer aus dem Verbund von EU oder NATO herauszubrechen – sei es nun durch gezielte und kampagnenförmig organisierte Desinformationen, sei es durch die finanzielle Unterstützung von Parteien und Initiativen, die gegen die Grundprinzipien des liberaldemokratischen Rechtsstaats Front machen. Man kann darüber streiten, wie groß der Anteil russischer Hacker am ersten Wahlerfolg Trumps in den USA und der Beitrag verdeckter Kampagnen russischer Organisationen zum Brexit waren, aber es steht außer Frage, dass der Kreml in beiden Fällen auf den Ausgang demokratischer Entscheidungen Einfluss zu nehmen suchte und dass sich die westlichen Demokratien dabei als ausgesprochen verwundbar erwiesen haben.[4]

Eine strukturell andere Herausforderung für die Demokratien westlichen Typs stellt China dar. Es spricht manches dafür, dass dies auf längere

Sicht die gefährlichere Herausforderung ist, auch wenn die russische Bedrohung seit dem Angriff auf die Ukraine im Mittelpunkt der Debatte steht. China setzt bei der Ausweitung und Neuschaffung seiner Einflusszonen weniger auf militärische als auf wirtschaftliche Macht und tritt damit sehr viel smarter auf als Russland.[5] Dass es der chinesischen Führung mit ihrer Strategie der neuen Seidenstraßen gleichwohl um die Herstellung von Einflussgebieten und Abhängigkeiten geht, ist in den letzten Jahren zunehmend deutlich geworden. Das Ziel dieser Strategie ist die Kontrolle Zentralasiens, die Einkreisung Indiens mit China zugewandten Staaten und der Vorstoß bis nach Afrika, um die dortigen Rohstoffe der chinesischen Industrie verfügbar zu machen. Ein anderer Strang der Seidenstraße-Strategie hat inzwischen den Südosten der Europäischen Union erreicht und sorgt im 17+1-Format dafür, dass sich die Europäer mit chinakritischen Äußerungen zurückhalten. Im Unterschied zu Russland, das Einflussgebiete schafft, indem es Demokratien zerschlägt oder autokratische Regime, wie das Lukaschenkos in Belarus, mit brutaler Gewalt an der Macht hält, engt China durch den Bau von Infrastrukturprojekten und die Vergabe von nur auf den ersten Blick großzügigen Krediten die politischen Spielräume der scheinbar begünstigten Regierungen so weit ein, dass diese davon absehen, Entscheidungen oder Festlegungen zu treffen, von denen sie annehmen, dass sie den chinesischen Interessen entgegenstehen. Das sich in der zweiten Präsidentschaft Trumps abzeichnende Ende des „transatlantischen Westens" droht die Basis der Demokratien weiter zu verkleinern.

Für die Zukunft der Demokratie im Weltmaßstab noch bedeutsamer als eine an den Interessen und Vorgaben der großen Mächte ausgerichtete Politik ist allerdings die Orientierung der Eliten Asiens, Afrikas und Lateinamerikas an den jeweiligen politischen, gesellschaftlichen und wirtschaftlichen Entwicklungsmodellen. Die Wahl eines politischen Vorbilds ist nicht nur für die Anlehnung an die eine oder andere der großen Mächte maßgeblich, sondern sie schafft auch Pfadabhängigkeiten, die dafür sorgen, dass der einmal beschrittene Entwicklungsweg so schnell nicht mehr verlassen werden kann. Politische Bündniswechsel mögen bei veränderten Opportunitätsstrukturen immer noch möglich sein, aber eine Veränderung der sozialen und wirtschaftlichen Ordnung ist ein Prozess, der sich über Jahrzehnte hinzieht und der allen Enttäuschungen und Rückschlägen zum Trotz kontinuierlich vorangetrieben werden muss, um erfolgreich zu sein. Wie langwierig der Weg zu einer konsolidierten Demokratie ist, hat sich nach 1989/90 in den Ländern Mittel- und Südosteuropas gezeigt, von denen die meisten das ursprünglich angestrebte Ziel bis heute nicht erreicht haben und einige inzwischen in abwegige Richtung steuern.

Während Russland nur für einige Militärdiktatoren und selbstherrliche Autokraten zum Vorbild geworden ist – seine politische Attraktivität insofern als begrenzt eingeschätzt werden kann –, gilt das chinesische Modell für viele auf dem Modernisierungsweg befindliche Länder inzwischen als attraktive Alternative zum westlichen Vorbild der parlamentarischen Demokratie mit politischer Gewaltenteilung und vitaler Zivilgesellschaft, dem zu folgen für die Eliten vieler Länder mühseliger ist, als sich auf den chinesischen Weg zu begeben. Es kommt hinzu, dass die Wohlstandszuwächse Chinas in den letzten Jahrzehnten deutlich über denen des »Westens« lagen. Die Politikwissenschaftler Armin Schäfer und Michael Zürn resümieren: »Spätestens seit der Finanzkrise erwächst der liberalen Demokratie westlicher Provenienz eine ordnungspolitische Konkurrenz, die im Gegensatz zum real existierenden Sozialismus beides ist: anders und erfolgreich.«[6] Diese Konkurrenz ist *anders* als das westliche Modell, weil sie die Dynamik des Marktes nicht an die Institutionen der Demokratie und des Rechtsstaats koppelt und darum für die amtierenden politischen Eliten leichter zu handhaben ist und für die bestehende Gesellschaftsordnung keine Herausforderung darstellt, und sie ist *erfolgreich*, insofern sie bei der Überwindung von Armut und Hunger spektakuläre Erfolge in Aussicht stellt. China und Singapur zeigen, »dass gesellschaftlicher Fortschritt möglich ist, ohne dass die Machthabenden demokratischer Kontrolle unterliegen und ohne dass Individualrechte garantiert werden«.[7] Was sich damit abzeichnet, ist ein geopolitischer Gegensatz, eine globale Konfrontation zwischen der demokratischen Ordnung und autokratischen Regimen, bei der alles andere als sicher ist, dass die Demokratien daraus als Sieger hervorgehen werden. Man kann mit den Worten der Historikerin Anne Applebaum mithin von einer umfassenden »Verlockung des Autoritären« sprechen, die auch vor den konsolidierten Demokratien nicht haltmacht.[8]

Bedrohung von innen: Enttäuschung und Resignation

Es sind aber nicht nur die spektakulären Erfolge Chinas bei der ökonomischen Entwicklung und der Entstehung einer leistungsfähigen Mittelschicht, die der Demokratie als globales Vorbild zu schaffen machen, sondern es hat sich auch im Innern vieler als demokratisch rubrizierter Länder eine tiefe Skepsis gegenüber Liberalität und Rechtsstaatlichkeit breitgemacht, die als zu langsam und schwerfällig gelten und denen eine übergroße Einschränkung des Mehrheitswillens der Bevölkerung vorgehalten wird.[9] Das war und ist der Nährboden für das Aufkommen populistischer Bewegungen, die im Namen der Demokratie gegen den liberaldemokratischen Rechtsstaat Front machen. Es hat sich eine gleichermaßen unübersehbare wie unüberhörbare Frustration gegenüber dem Typus der westlichen Demokratie ausgebreitet, ein Oszillieren zwischen Enttäuschung und Ablehnung, das, nach den Gründen der Unzufriedenheit gefragt, weithin diffus bleibt und auch keine anderen Änderungsvorschläge geltend zu machen weiß als die, dass man zu einer direkten Demokratie zurückkehren müsse, in der dem »Volkswillen« wieder die entscheidende Bedeutung zukomme. Wie dieser »Volkswille« ermittelt werden soll, bleibt indes unklar. Das seit jeher für die Demokratie zentrale Problem des Beratschlagens der Bürgerinnen und Bürger nach Einholung diverser Ratschläge bleibt dabei ebenso ausgespart wie die Frage, wie mit der bei der Beschlussfassung unterlegenen Minderheit umzugehen ist oder wie zu verfahren ist, wenn die Mehrheitsverhältnisse unklar bleiben und wer überhaupt an der Bildung des Volkswillens teilnehmen darf und wer davon ausgeschlossen bleibt. Und so bleibt zuletzt nicht viel mehr übrig als die Behauptung eines Gegensatzes zwischen »dem Volk« auf der einen und den Eliten beziehungsweise der politischen Klasse auf der anderen Seite – eine Klassenanalyse, die sich in tendenziell gleicher Weise beim Rechts- wie beim Linkspopulismus findet und die auch erklärt, warum beide Seiten relativ leicht im Kampf gegen »die da oben« zusammenfinden.[10]

Das alles spricht nicht unbedingt dafür, dass es sich bei der populistischen Kritik um eine treffsichere Analyse der Probleme und Defizite in der Demokratie westlichen Typs handelt, sondern verweist eher darauf, dass der Populismus sich als Profiteur und Nutznießer einer Unzufriedenheit positioniert hat, die zum erheblichen Teil aus einer

Komplexitätsüberforderung der Bürgerinnen und Bürger resultiert. Im Unterschied zur attischen Demokratie in der Antike ist die in den USA und Europa seit dem späten 18. Jahrhundert entstandene politische Ordnung, die sich zunächst nicht als Demokratie bezeichnet und Analogien zur antiken Demokratie ausdrücklich zurückgewiesen hat,[11] von Anfang an auf Komplexität, auf das Zusammenwirken unterschiedlicher Kräfte und Instanzen zwecks Verhinderung einer »Tyrannei der Mehrheit«, wie Tocqueville es ausdrückte,[12] angelegt gewesen – also auf die Blockierung genau dessen, was in der Sprache des Populismus als »Volkswille« bezeichnet wird, der unmittelbar und ohne Zeitverzug zur Geltung gebracht werden soll.

Die Gewaltenteilung, die Montesquieu an der aus einer Reihe von politischen Kämpfen hervorgegangenen englischen Verfassung abgelesen und zum Grundprinzip der daran anschließenden Verfassungsgeschichte des parlamentarischen Rechtsstaats in Europa gemacht hat, ist in Nordamerika von Madison, Hamilton und Jay in den *Federalist Papers* als ein System der *checks and balances* entwickelt worden, um den unmittelbaren Mehrheitswillen, dem die drei durchweg misstrauten,

Schritt für Schritt in politische Vernunft zu transformieren.[13] Das politische System, das in Europa aus einer Verbindung von konstitutioneller Zähmung des monarchischen Willens, Parlamenten als Beratungs- und Kontrollinstanzen der Exekutive sowie Bewilliger des Staatshaushalts, einer gegenüber der Staatsmacht unabhängigen Judikative und einem lange währenden Prozess der Ausweitung des aktiven und passiven Wahlrechts auf alle Bürgerinnen und Bürger entstand, wurde von den Gründervätern der USA gleichsam »erfunden« und in die Verfassung eingebaut, um zu verhindern, dass der politische Wille einer zufälligen Mehrheit sich ungehindert Bahn brechen konnte. Die immer wieder zu hörende Auffassung, wonach das System der Repräsentation als Notbehelf entworfen worden sei, da das Volk in Flächenstaaten nicht in seiner Gesamtheit habe zusammenkommen können, ist in ideen- wie realgeschichtlicher Hinsicht falsch: Von Anfang an ging es darum, den ›rohen‹ Willen des Volkes zu filtrieren und zu verfeinern. Der Ausgangspunkt dieses Prozesses blieb gleichwohl der Volkswille, weswegen die in den USA und Westeuropa entstandene politische Ordnung sich schließlich dann doch auf die Selbstbezeichnung Demokratie verständigen konnte.

Die aus demokratiepolitischen Gründen hervorgebrachte Komplexität des Beratungs- und Entscheidungsprozesses ist mit der institutionellen Ausdifferenzierung des politischen und gesellschaftlichen Systems immer weiter angewachsen und stellt inzwischen ein Problem für die Demokratie westlichen Typs dar: Die Entscheidungswege sind lang, die Anzahl der dabei Einzubeziehenden ist groß, die Möglichkeiten zur Verzögerung sind unendlich.[14] Man kann dies auch in der systemtheoretischen Begrifflichkeit des Soziologen Niklas Luhmann beschreiben, wonach in modernen Gesellschaften eine Fülle von Teilsystemen interagieren, von denen jedes seiner eigenen Logik mitsamt deren Imperativen folgt und das politische System keineswegs das übergeordnete und umfassende System bildet, in das die anderen Systeme »eingebettet« sind.[15] Man muss politisch erfahren und obendrein auch noch juristisch bewandert sein, um sich in diesem *System aus Systemen* zurechtzufinden und darin handlungsfähig zu sein.

Unter diesen Umständen greift bei denen, die sich politisch engagieren wollen und denen die Stimmabgabe bei Wahlen nicht genügt, schnell Enttäuschung um sich, und sie wenden sich resigniert von der Politik ab. Aus dieser Gruppe rekru-

Der Populismus
zehrt überwiegend
von dem mentalen wie
kognitiven Stress, den
komplexe Systeme
den Bürgerinnen
und Bürgern
abverlangen
und den diese
häufig nicht
durchzustehen bereit
oder in der Lage sind.

tiert sich jedoch nur ein kleiner Teil der Anhängerinnen und Anhänger populistischer Bewegungen, von denen die meisten »die Mühen der Ebene« im politischen Betrieb nie praktisch erfahren haben, sondern die aus der bloßen Beobachtung heraus ein politisches System ablehnen, das politische Willensäußerungen in einen langwierigen Beratschlagungs- und Reflexionsprozess hineinzwingt, in dem immer auch entgegengesetzte Auffassungen eine Rolle spielen und die längerfristigen Kosten und Folgen von Entscheidungen mitsamt möglichen nichtintendierten Effekten mitbedacht werden.[16] Der Populismus zehrt überwiegend von dem mentalen wie kognitiven Stress, den komplexe Systeme den Bürgerinnen und Bürgern abverlangen und den diese häufig nicht auszuhalten bereit oder in der Lage sind. Stattdessen erwarten sie in einem offenkundig falschen Demokratieverständnis, dass ihr jeweiliger Wille ohne aufwändige Prüfung und Beratung zur Grundlage politischen Handelns wird. Als Faustregel formuliert: Je größer die Anzahl der von der Komplexität überforderten Bürgerinnen und Bürger ist, desto schlechter ist es um die Demokratie bestellt.

Man muss beim Nachdenken über die Lage der Demokratie somit unterscheiden zwischen einer Komplexität, die mit einer jeden modernen Gesellschaft verbunden ist, der Erfordernis zur Entschleunigung des politischen Prozesses, die zur »Qualitätssicherung« politischer Entscheidungen vonnöten ist, und schließlich jenen Formen juristischer wie bürokratischer Komplizierung von Verfahrensabläufen, die als Schutzeinrichtungen für bestimmte Werte und Güter zwar gut gemeint sind, deren tatsächlicher Nutzen jedoch von seinen politischen Kosten (also Nachteilen) weit übertroffen wird. Kurz zusammengefasst läuft das auf zwei Schlussfolgerungen hinaus: Demokratien sind – *erstens* – sehr viel stärker als andere politische Systeme auf kompetente Bürgerinnen und Bürger angewiesen,[17] bei denen die Vorstellung der Betroffenheit durch politische Entwicklungen und Entscheidungen zu Informiertheit und Engagement führt, die dann in eine sich ständig erneuernde politische Urteilskraft einfließen (ein Problem, auf das nachfolgend zurückzukommen ist). Und Demokratien sind – *zweitens* – politische Systeme, die das Maß der in ihnen erforderlichen Komplexität immer wieder aufs Neue überdenken müssen, um die Balance zwischen individueller Freiheit und der Fähigkeit zu kollektiver Willensbildung aufrechtzuerhalten. Insofern gilt auch für die Demokratie, was Karl Barth im Anschluss an protestantische Theologen über die christliche Kirche gesagt hat: Sie sei eine »*ecclesia semper reformanda*«, eine institutionell verfasste Gemeinschaft, die sich permanent reformieren und erneuern müsse. Ob sie dazu in der Lage ist oder die dazu erforderliche Kraft irgendwann versiegt, ist eine politisch offene Frage, an der sich die Zukunft der Demokratie entscheidet. Allgemein ist diesbezüglich festzuhalten, dass die in den 1990er Jahren und auch danach dominierende Zuversicht inzwischen einer tiefen Skepsis, wenn nicht einem abgründigen Pessimismus gewichen ist.[18]

Gegensätzliche Zukunftsprognosen

Die historisch-politiktheoretischen Diagnosen, die in den vergangenen zwei Jahrzehnten zur Lage der Demokratie gestellt wurden, könnten kaum unterschiedlicher sein. Vier davon, allesamt angloamerikanischen Ursprungs, sollen hier kurz vorgestellt und diskutiert werden.

Als Höhepunkt einer Perspektive der Zuversicht ist Francis Fukuyamas Buch *Das Ende der Geschichte* zu nennen, in dem die These vertreten wird, mit dem Zusammenbruch der realsozialistischen Regime und dem Kollaps der Sowjetunion gebe es keine grundsätzliche Alternative zur Kombination aus Demokratie und Kapitalismus mehr, und deswegen sei, wenn man Geschichte als den Widerstreit antagonistischer Systeme und der in ihnen zum Ausdruck kommenden soziopolitischen Ordnungsvorstellungen begreife, die Geschichte zu Ende.[19] Bereits vor dem Fall der Berliner Mauer hatte Fukuyama in einem Aufsatz die Ansicht von der überlegenen Legitimität der Demokratie vertreten, die nicht zuletzt darauf beruhe, »daß konkurrierende Herrschaftsformen wie die Erbmonarchie, der Faschismus und in jüngster Zeit der Kommunismus der liberalen Demokratie unterlegen sind«. Daraus entwickelte er die zugespitzte These, »daß die liberale Demokratie möglicherweise den Endpunkt der ›ideologischen Evolution der Menschheit‹ und die ›endgültige menschliche Regierungsform‹ darstelle«. Damit, so fügte er hinzu, solle nicht gesagt sein, dass konkrete Demokratien im Hinblick auf »die Verwirklichung von Freiheit und Gleichheit« nicht verbesserungsfähig seien, und auch nicht, dass es Länder gebe, in denen es vorerst nicht möglich sei, »eine stabile liberale Demokratie zu errichten«, ja sogar, dass einige Länder »in primitivere Herrschaftsformen wie Theokratie oder Militärdiktatur zurückfallen« können. Vielmehr besage die These vom Ende der Geschichte lediglich, dass »das *Ideal* der liberalen Demokratie nicht verbesserungsbedürftig« sei.[20]

Fukuyama folgte damit im Wesentlichen den geschichtsphilosophischen Annahmen von Hegel und Marx (wobei er Hegel in der Interpretation durch Alexandre Kojève las[21]), die davon ausgingen, dass die menschliche Geschichte durch den Antagonismus zwischen einer Position und deren bestimmter Negation vorangetrieben werde, woraus dann eine Synthese entstehe, die ihrerseits zur Position werde, gegen die sich eine bestimmte Negation entwickele – und so weiter. Beide, Hegel wie Marx, waren allerdings nicht der Auffassung, dass es sich dabei um einen unendlichen Prozess handele, sondern es einen Punkt gebe, an dem der dialektisch voranschreitende Fortschritt sein Ziel erreicht habe. Für Hegel war dies der reformierte preußische Staat seiner Gegenwart (den er gleichwohl gegen reaktionäre Rückschläge verteidigt wissen wollte und als immer wieder reformbedürftig begriff), für Marx die noch in der Zukunft liegende kommunistische Gesellschaft (von der er meinte, dass mit ihr erst die eigentliche Geschichte beginne und alles Vorangegangene bloß »Vorgeschichte« sei). Diesen Endpunkt der Geschichte glaubte Fukuyama im Ideal der liberalen Demokratie ausgemacht zu haben, insofern es dazu keine bestimmte Negation, keine tragfähige Alternative mehr gebe. Ausdrücklich positionierte Fukuyama diese Sicht der Geschichte gegen den demokratiepolitischen Pessimismus der 1920er und 1930er Jahre, als die liberale Demokratie seit den Erfolgen des Bolschewismus und Faschismus auf dem absteigenden Ast war, nachdem der Erste Weltkrieg zuvor bereits den Fortschrittsoptimismus des 19. Jahrhunderts gebrochen hatte.[22] Dieser Optimismus war in Fukuyamas Sicht wesentlich von liberalen Vorstellungen getragen worden. Nach der militärischen Niederlage des Faschismus und dem ökonomischen Zusammenbruch des Kommunismus, so die Annahme Fukuyamas, gebe es keinen als politisches Ideal geeigneten Gegenentwurf zur liberalen Demokratie mehr.

Aber was, wenn gerade das Fehlen eines bedrängenden Gegenentwurfs der zunächst siegreichen Demokratie zum Verhängnis werden würde? Wenn die Menschen in satter Selbstzufriedenheit vor sich hinleben, ihr Wohlergehen genießen und sich keinerlei Anstrengungen zum Hervorbringen von Neuem und Großem mehr unterziehen würden? Fukuyama diskutiert diese Möglichkeit anhand von Nietzsches Beschreibung des Lebens der »letzten Menschen« in dessen Buch *Also sprach Zarathustra.*[23] Er bezweifelt, dass die liberale Demokratie Nietzsches Verdikt verfallen werde, denn gerade das Moment der Ungleichheit in einer Gesellschaft der Freien werde den »thymotischen Eifer« anfeuern, der dazu führe, dass der »Kampf um Anerkennung« weitergehe, in dem sich die Menschen gegenseitig zu übertreffen suchten, um die Anerkennung anderer zu erlangen. So wird gerade das, was die politische Linke der liberalen Demokratie zum Vorwurf gemacht und worin sie die Ursache ihres Untergangs gesehen hat, die soziale Ungleichheit, bei Fukuyama zum Mittel gegen die Entropie einer Gesellschaft der Freien und damit zu deren unerschöpflichem Lebenselixier.

Es ist keine empirische Studie, auf die Fukuyama seine Überzeugung vom definitiven Sieg der liberalen Demokratie gegründet hat – empirische Fragen kommen bei ihm nur zwecks Exemplifizierung seiner Überlegungen zur Sprache –, sondern eine geschichtsphilosophische Spekulation, die gegen empirische Einwände, wie etwa den Verweis auf Kriege, Diktaturen oder den Zerfall von liberalen Demokratien immun ist, insofern sie das Ende der Geschichte mit der Einzigkeit eines politischen Ordnungsideals, aber nicht mit dessen ausschließlichem Vorkommen in der realen Welt verbunden hat. Das haben viele missverstanden, als sie Fukuyamas Theorie vom »Ende der Geschichte« allein dadurch für widerlegt hielten, dass die politische Welt am Ende der 1990er Jahre keineswegs nur aus liberalen Demokratien bestand.

Im Unterschied dazu hat Samuel Huntington in seiner Theorie von den drei Wellen der Demokratisierung dezidiert empirisch argumentiert. Danach setzte in den 1820er Jahren mit der Einführung des Allgemeinen (Weiße-Männer-) Wahlrechts in den USA eine Demokratisierungswelle ein, die mit dem Ende des Ersten Weltkriegs auf Europa übergriff, aber schon bald durch einen starken Rückstrom (*back-sliding*) gebrochen wurde: Von den neu entstandenen Demokratien in Mittel- und Südeuropa war im Jahr 1938 nur noch die Tschechoslowakei als Demokratie übrig geblieben.[24] Die übrigen waren nach Militärputschen oder auf anderen Wegen durch Diktaturen abgelöst worden. Nach dem Zweiten Weltkrieg kam es in den von den Westalliierten befreiten Gebieten dann zu einer zweiten Welle der

Demokratisierung, auf die in Lateinamerika sowie in Griechenland und der Türkei in den 1960er Jahren erneut eine rückströmende Welle der Militärputsche folgte, die eine längere Phase einläutete, in der Militärs eine dominante Rolle in der Politik einnahmen. Mit dem Ende der Diktaturen in Griechenland, Portugal und Spanien sowie dem Zusammenbruch der realsozialistischen Regime des Ostblocks setzte dann die dritte Welle der Demokratisierung ein, von der Huntington annahm, dass auch auf sie ein neuerliches Zurückströmen folgen werde. Vorzeichen dessen glaubte er bereits am Ende der 1990er Jahre erkennen zu können.[25]

Im Gegensatz zu Fukuyama ging Huntington unter dem Eindruck des Zusammenbruchs der posttotalitären Regime in Mittel- und Osteuropa somit nicht davon aus, Zeitzeuge eines definitiven Triumphs der liberalen Demokratie geworden zu sein, sondern beschrieb in seiner Theorie der heran- und zurückströmenden Wellen ein ständiges, sich über längere Zeiträume erstreckendes Hin und Her von Demokratisierung und Entdemokratisierung, bei dem vorerst weder Endpunkt noch Stillstand zu erkennen waren. Als empirisch arbeitender Politikwissenschaftler hätte er auch jedwede diesbezügliche Aussage als reine Spekulation zurückgewiesen.

Übersetzt man Huntingtons Wellenbegrifflichkeit in die Modellstruktur der klassischen Geschichtstheorie, so kann man sagen, dass er die Geschichte der Demokratie in einem Zyklen- bzw. Kreislaufmodell gefasst hat, in dem auf eine Phase des Aufstiegs immer wieder eine des Niedergangs folgt, bis diese am Tiefpunkt angelangt ist und wieder in einen Aufstieg übergeht.[26]

Lässt sich Huntington mit Blick auf die drei möglichen Modelle des Geschichtsverlaufs – Fortschritt, Niedergang und Kreisbewegung – als uneingestandener Vertreter der Kreislauftheorie rubrizieren, so handelt es sich bei Fukuyama um einen Anhänger der Fortschrittsvorstellung, nur dass er sich nicht als Beobachter eines noch stattfindenden Fortschritts begreift, sondern von dessen inzwischen erreichtem Endpunkt aus auf einen wesentlich ideengeschichtlich beschriebenen Fortschritt zurückblickt und dabei das erreichte Fortschrittsniveau als irreversibel behandelt. Um das Bild zu vervollständigen, fehlt also noch ein Vertreter der Niedergangs- oder Dekadenztheorie, und als solche sollen hier überblickartig die Thesen von Colin Crouch sowie die von David Runciman betrachtet werden, der weniger normativ argumentiert. In

Crouchs Buch *Postdemokratie* hat die Realgeschichte der Demokratie den Höhepunkt ihrer Annäherung an das demokratische Ideal bereits überschritten, und es geht nunmehr nur noch darum, den Verlauf des Niedergangs, verstanden als Annäherung an den Typus der Postdemokratie, so lange wie möglich aufzuhalten – eine Richtungsumkehr ist nach Crouchs Auffassung nicht im Bereich des Möglichen.[27] Demgegenüber geht Runciman in seinem Buch *So endet die Demokratie* davon aus, dass das demokratische Projekt in eine *midlife crisis* gekommen sei, die sich lange hinziehen könne und aus der es das Beste zu machen gelte. Aus dieser Krise gibt es indes keinen anderen Ausweg als den zum unvermeidlichen Ende des Zeitalters der Demokratie.[28] Eine Verjüngung und Revitalisierung der Demokratie hält auch Runciman für ausgeschlossen.

Als »Postdemokratie« bezeichnet Crouch eine Konstellation, in der die demokratischen Institutionen allesamt fortbestehen und dem äußeren Anschein nach auch demokratisch funktionieren. Tatsächlich aber ist ihre politische Gestaltungsmacht zurückgegangen und der Einfluss von *big business* hat erheblich an Gewicht gewonnen. Infolgedessen sind Wahlkämpfe zu »einem reinen Spektakel verkommen«, und »im Schatten dieser politischen Inszenierung wird die reale Politik hinter verschlossenen Türen gemacht«.[29] Das war indes nicht immer so: Vielmehr hat es, so Crouch, nach dem Zweiten Weltkrieg, vom Beginn der 1950er bis in die Mitte der 1970er Jahre, »ein Momentum der Demokratie« gegeben, in dem den Interessen der breiten Massen, namentlich denen der organisierten Arbeiterschaft, ein starkes Gewicht in der Politik zukam, wobei sie sich mit denen des großen Kapitals tendenziell im Gleichgewicht befanden.[30] Während dieses Vierteljahrhunderts war die westliche Demokratie, so Crouch, nicht nur eine »liberale Demokratie«, wie er die bloß institutionell definierte Demokratie ohne faktische Gleichheit der Interessenvertretungen nennt, sondern eine »starke Demokratie«, in der die Realität dem demokratischen Gleichheitsversprechen nahe kam.[31] Crouch lässt offen, warum sich das geändert hat, ob der Neoliberalismus in der Ära Thatcher/Reagan ausschlaggebend war oder der Umbau der Industrie- in eine Dienstleistungsgesellschaft, in dessen Folge die Interessen der abhängig Beschäftigten nicht mehr so gut organisierbar waren wie zuvor und demgemäß an Einfluss verloren. Denkbar wäre auch, dass der Zusammenbruch der realsozialistischen Regime als Widerpart der westlichen Demokratien – also der Wegfall der Antithese – dafür verantwortlich war, da diese sich nun nicht mehr darum bemühen mussten, durch den Ausbau des Wohlfahrtsstaates der sozialistischen Alternative das Wasser abzugraben. Wie auch immer – als Symptome der »Postdemokratie« nennt Crouch eine um sich greifende »Demokratiemüdigkeit«, die sich in einem dramatischen Rückgang der Wahlbeteiligung äußere, die Verschiebung des Engagements von der organisierten Interessenvertretung in Gewerkschaften und Parteien zu Bürgerinitiativen und Nichtregierungsorganisationen und schließlich die inszenatorisch aufbereiteten Skandale um Politikerverhalten, denen immer wieder einzelne Politikerinnen und Politiker zum Opfer fielen und deren Sturz dann als Kompensation für den geschrumpften Einfluss der breiten Massen auf die Politik lanciert werde. Die Inszenierung von Transparenz wird zur Fassade einer angeblich voranschreitenden Demokratisierung, hinter der jedoch ein ebenso realer wie sozial folgenreicher Demokratieabbau stattfinde.[32]

David Runciman hat, wenngleich auch er die Macht der großen Konzerne als eine Gefahr für die Demokratie ansieht, seine Niedergangsdiagnose anders angelegt – schon deswegen, weil die für die Demokratie bedrohlichen Unternehmen bei ihm nicht mehr hierarchisch strukturierte Konzerne, sondern Netzwerke sind – er verweist auf Facebook, Google, Apple und Amazon[33] –, die dem demokratisch ermittelten Willen nicht konfrontativ gegenübertreten, sondern leise und schleichend auf die Willensbildung selbst Einfluss nehmen und sie in ihrem Sinne steuern. Ist für Crouch ein ausufernder Lobbyismus der großen Konzerne das Kennzeichen der Postdemokratie, so setzen in Runcimans Darstellung die neuen Netzwerke mit ihrer Politik der Beeinflussung nicht wesentlich oben, bei den politischen Eliten an, sondern bei den breiten Massen, deren Vorstellungen und Wünsche sie manipulieren. Auf diese Weise tritt das, was im Interesse der Netzwerkbosse liegt, als demokratischer Wille auf, und es kommt gar nicht mehr zu einer Konfrontation zwischen dem Willen von *big business* und dem Wollen der breiten Bevölkerung. Mehr noch: Die Netzwerke geben sich als Retter der Demokratie aus, indem sie als Antwort auf die wachsende Frustration über das Repräsentationssystem auftreten und dessen Lücken zu schließen versprechen: Alle können im Internet zu Wort kommen, wenn sie es nur wollen. Das Geschäftsmodell der Internetkon-

Was im Internet entsteht, ist nach Runciman keine demokratische Gemeinschaft, sondern eine Meute, ein Mob, der weder Angst noch Gnade kenne und sich durch Beschimpfung und Bedrohung hervortue.

zerne camoufliert sich als Rückkehr zur direkten Demokratie der Antike.[34]

Tatsächlich, so Runciman, habe die *liquid democracy* und *e-participation* der Internetnutzer nicht zu einem erhöhten politischen Engagement geführt, wie es für die antike Demokratie selbstverständlich war, sondern ganz im Gegenteil eine »kostenlose Bequemlichkeit« hervorgebracht, die letzten Endes den von Max Weber beschriebenen »ehernen Käfig der Hörigkeit« noch unangreifbarer gemacht hat, weil sie dessen Stangen und Gitter unsichtbar werden lasse.[35] Wie Crouch der Transparenz als Strategem der Demokratieverbesserung misstraut, ist Runciman gegenüber der These skeptisch, durch das Internet sei eine zuvor unvorstellbare Massenmobilisierung möglich geworden, mit der unbeliebte oder gar undemokratische Politiker innerhalb kürzester Zeit aus Amt und Würden gejagt werden könnten.[36] Was im Internet entsteht, ist nach Runciman keine demokratische Gemeinschaft, sondern eine Meute, ein Mob, der weder Angst noch Gnade kenne und sich durch Beschimpfung und Bedrohung von politischen Opponenten hervortue. Dies sei der Inbegriff von Distanzlosigkeit und stelle gerade darin einen tiefen Bruch mit den Grundsätzen der repräsentativen Demokratie dar, die auf Räume der Distanz und Zeit zum Nachdenken angewiesen sei.[37]

Runcimans Hauptthese von der Bedrohung der Demokratie lautet, dass es inzwischen für normale Bürgerinnen und Bürger nicht mehr möglich sei, zuverlässig zwischen Verteidigern und Zerstörern der Demokratie zu unterscheiden, weil auch die Feinde der Demokratie unter Verweis auf gegen die Demokratie gerichtete Verschwörungen als deren Verteidiger aufträten. Als Beispiel dafür kann die gesamte erste Präsidentschaft Donald Trumps aufgeführt werden: Der Angriff auf die Demokratie erfolgt nicht mehr, wie noch in den 1920er und 1930er Jahren, in offener Ablehnung der Demokratie mit der Entgegensetzung eines Führerkults gegen den Parlamentarismus, in der Konfrontation von entschiedener Dezision gegen eine angeblich entscheidungsschwache Deliberation,[38] sondern in einer Camouflage der Demokratiefeinde als wahre und eigentliche Demokratinnen und Demokraten. Wenn sich keiner mehr auskennt und die Bürgerinnen und Bürger nicht mehr zwischen Freund und Feind der Demokratie unterscheiden können, ist das die schwerste Bedrohung der Demokratie. Dies hat sich in Trumps zweiter Präsidentschaft fortgesetzt, wobei in seinem Agieren inzwischen auch offen autokratische Züge erkennbar werden. Dennoch geht Runciman davon aus, dass die Demokratie in Europa und Nordamerika noch einen langen Überlebenskampf führen werde. Aber es werde, so seine Überzeugung, nicht möglich sein, die Demokratie wieder zu neuer Vitalität zu bringen. Sie müsse sich mit dem Altern und einem längeren Dahinsiechen abfinden.[39]

Konsolidierte und beschädigte Demokratien

Ohne solche letzten Endes spekulativen Annahmen über den weiteren Verlauf der Geschichte kommen Wolfgang Merkel und Weitere aus, indem sie mit der Unterscheidung zwischen »konsolidierten« und »defekten« Demokratien arbeiten und so die doch eher grobkörnige Alternative umgehen, die liberal-demokratische und autoritär-autokratische Regime gegeneinanderstellt.[40] Mit Hilfe des Begriffs der »defekten Demokratie« – Jan-Werner Müller hat mit guten Gründen vorgeschlagen, stattdessen von »beschädigten Demokratien« zu sprechen und dabei auf die mutwilligen Beschädiger hinzuweisen[41] – sind Merkel und Weitere in der Lage, die breite Grauzone zwischen Demokratie und Autokratie zu differenzieren, ohne sogleich Annahmen darüber machen zu müssen, ob die darin anzutreffenden autoritären Subtypen sowie hybriden Regime für eine fortschreitende Demokratisierung der politischen Regime oder aber den Niedergang der Demokratie stehen. Als Gegenbegriff zur defekten Demokratie haben sie ausdrücklich nicht die »perfekte Demokratie« gewählt, weil diese in den Bereich der Ideale gehöre, während sie ja die tatsächlich anzutreffenden und zu beobachtenden Demokratien zu untersuchen beabsichtigen. Demgemäß stellen sie der defekten die »konsolidierte Demokratie« gegenüber. Sie entspricht den Kriterien der liberalen Demokratie beziehungsweise des demokratischen Rechtsstaats, während die defekte Demokratie diesen Anforderungen nur teilweise genügt. Sie muss freilich ein Mindestmaß an Freiheit und Gleichheit der Bürgerinnen und Bürger sowie politischer Kontrolle der Regierung erfüllen, um als defekte *Demokratie* bezeichnet werden zu können. Ist dies nicht gegeben, handelt es sich um eine »Fassadendemokratie«, die verdecken soll, dass wir es in Wirklichkeit mit einem autoritären Regime zu tun haben.[42]

Im Prinzip arbeiten Merkel und Weitere also mit vier Typen von Herrschaft – der konsolidierten und der defekten Demokratie, der Fassadendemokratie, die den autokratischen Charakter einer autoritären Herrschaft verbirgt, und der offen autokratischen Herrschaft – wobei sie von diesen vier Typen freilich nur die defekte Demokratie systematisch ausgearbeitet haben. Sie sind damit in der Lage, die von Huntington so bezeichnete »dritte Welle der Demokratisierung« differenziert zu betrachten. Dabei kommen sie zu dem Ergebnis, dass es sich bei den meisten der zwischen 1990 und 1996 entstandenen Demokratien um defekte Demokratien handelt,[43] bei denen zunächst freilich offenbleiben muss, ob sie sich zu konsolidierten Demokratien oder zu Fassadendemokratien fortentwickeln werden. Ersteres ist ihrer vorsichtig formulierten Annahme zufolge der schwierigere und weniger wahrscheinliche Weg, Letzteres der in der Mehrzahl der Fälle wahrscheinlichere, was eine Erklärung für das von Huntington für die Zukunft erwartete abermalige Zurückfluten der jüngsten Demokratisierungswelle ist. »Die von Huntington diagnostizierte Gefahr der demokratischen Selbstzerstörung ist dort gegeben, wo demokratisch gewählte Regierungen ihre direktdemokratische Legitimation dazu nutzen, um die eigenen Kompetenzen gegenüber anderen Verfassungsorganen auszuweiten, wo politische Eliten um des eigenen Machterhalts [willen] systematisch politische Ressentiments gegenüber nationalen Minderheiten schüren und wo politische Schlüsselakteure entlang ethnischer und religiöser Konfliktlinien bewusst mobilisieren.«[44]

Im Unterschied zu Crouch, für den die Bezeichnung »liberale Demokratie« das Eingangstor zur Abwärtsentwicklung in Richtung Postdemokratie ist und für eine Machtverschiebung zugunsten der gesellschaftlichen Eliten steht, benutzen Merkel und Weitere den Begriff der liberalen Demokratie entschieden positiv. Er ist für sie eine andere Bezeichnung des demokratischen Rechtsstaats, in dem die Verfassung und insbesondere die in ihr verankerten Individual- und Minderheitenrechte durch demokratische Mehrheitsentscheidungen *nicht* außer Kraft gesetzt werden können. Rechtsstaatlichkeit und Volkssouveränität sind in der liberalen Demokratie somit nicht als miteinander konkurrierende, sondern als sich ergänzende und gegenseitig stützende Prinzipien gefasst, »denn sie helfen, die Voraussetzungen für die Demokratie zu sichern, indem sie die bürgerlichen Freiheits- und die politischen Partizipationsrechte garantieren und der Verfügung durch zufällige demokratische Mehrheiten dauerhaft entziehen«.[45]

Die liberale Demokratie, bei der es sich für Merkel und Weitere immer um eine konsolidierte Demokratie handelt, wohingegen defekte Demokratien durchweg Defizite im Bereich des Liberalen aufweisen,[46] ist demnach durch die Verbindung einer vertikalen mit einer horizontalen Machtkontrolle gekennzeichnet. Mit der vertikalen Machtkontrolle ist gemeint, dass das Volk die alleinige Legitimationsgrundlage der Entscheidungen ist, während die horizontale Machtkontrolle für gegenseitige Kontrolle und Blockierungsoptionen im System der Gewaltenteiligkeit steht.[47] In der liberalen Demokratie sind demnach politische Teilhaberechte, bürgerliche Freiheitsrechte, horizontale Gewaltenkontrolle und eine effektive Regierungsgewalt im Sinne einer Handlungsfähigkeit miteinander verbunden, die weder durch das Militär oder andere Teile des Sicherheitsapparats noch durch mächtige Interessengruppen eingeschränkt ist.[48]

Die Überlegungen von Merkel und Weiteren entdramatisieren den Anstieg und Niedergang der Anzahl von Demokratien, da dieser sich überwiegend im Bereich der defekten Demokratien abspielt; sie liefern zugleich eine empirisch handhabbare Definition der konsolidierten Demokratie und eröffnen zugleich mit der (von ihnen freilich nicht weiter ausgearbeiteten) Unterscheidung zwischen fassadendemokratisch camouflierten autoritären Herrschaftsformen und einem offen autokratisch-autoritären Regime eine Differenzierungsmöglichkeit im definitiven Gegensatzbereich zur liberalen Demokratie. Auf diese Weise entzerren sie die schematische Entgegensetzung von demokratischer Ordnung und autoritärer Herrschaft, vernachlässigen aber gleichzeitig zwangsläufig die in einer Betrachtung der Rechtsordnung nur schwer zu fassenden Macht- und Einflussverschiebungen, die bei Crouch im Zentrum seiner Demokratieanalyse stehen, sowie die informellen Veränderungen und den Mentalitätswandel der Bevölkerung, die von Runciman thematisiert werden.[49] Aus der Sicht der beiden Niedergangstheoretiker der demokratischen Ordnung bleiben sie darum blind gegenüber den *schleichenden* Erosionsprozessen, die auch in konsolidierten Demokratien stattfinden. Im nachfolgenden Kapitel sollen deshalb die Probleme thematisiert werden, mit denen sich konsolidierte Demokratien infolge veränderter Rahmenbedingungen konfrontiert sehen.

2

Warum und seit wann die Demokratie in die Defensive geraten ist

Dass die Ära der Demokratie nicht lange andauern werde, ist eine Prognose, die das Projekt einer Selbstregierung des Volkes von Anfang an begleitet hat. Unüberhörbar ist das Empfinden der Bedrohtheit demokratischen Regierens in Abraham Lincolns *Gettysburg Address*. Der Befürchtung eines nahen Endes der Selbstregierung des Volkes hat der US-Präsident den entschlossenen Willen entgegenstellt, alles dafür zu tun, »that government of the people, by the people, and for the people, shall not perish from the earth«.[50] Dieses Empfinden einer Gefährdung hat den Demokratiediskurs seit jeher begleitet – oftmals zurückgenommen und leise geäußert, relativ häufig aber auch laut und aufgeregt – und selbst in der Periode, die von Samuel Huntington als Höhepunkt einer dritten Welle der Demokratisierung bezeichnet worden ist, ist es nicht verschwunden.[51] Die Verbindung von pessimistischer Prognose und Dauer demokratischen Regierens hat offenbar damit zu tun, dass oligarchische und monarchische Regime als sehr viel weniger verletzlich und störanfällig angesehen werden als die auf eine breite Unterstützung durch die Bürgerinnen und Bürger (bis Anfang des 20. Jahrhunderts freilich nur der Bürger) angewiesene partizipatorische Ordnung, die immer von der Erwartung begleitet wird, sie werde am Streit der Parteien zugrunde gehen oder durch intrigante Akteure unterhöhlt werden, sodass sie nach einer kurzen Zeit der Blüte in sich zusammenbreche.

Die Erwartung eines drohenden Bürgerkriegs und die Furcht vor demokratiefeindlichen Verschwörungen haben in der Geschichte der Demokratien zumeist eine größere Rolle gespielt als die Gefahr eines offenen Staatsstreichs, in dessen Folge das Militär die Macht übernahm – nicht selten mit der (zumeist fadenscheinigen) Begründung, damit dem Ausbruch eines Bürgerkriegs zuvorgekommen zu sein. Das Risiko eines Konflikts im Innern eines Staates, dem demokratisch nicht mehr beizukommen ist, hat – als reale Gefährdung wie als bloßer Vorwand – bei der Bedrohungswahrnehmung der Demokratie durchweg große Bedeutung gehabt. Der Schatten des Bürgerkriegs hing fast immer über der Demokratie beziehungsweise wurde von den Feinden der Demokratie als Drohung wie Warnung ins Spiel gebracht. Was dagegen weniger wahrgenommen und dementsprechend auch seltener thematisiert wurde, war die Gefährdung der Demokratie durch ein schwindendes Interesse der Bürger an der politischen Teilhabe, die Orientierung am Privaten und am persönlichen Wohlergehen anstelle des Engagements für das Gemeinwesen. Étienne de La Boétie, der früh verstorbene Freund des französischen Essayisten Montaigne, hat das als *servitude volontaire*, als freiwillige Knechtschaft bezeichnet.[52] Das im Vergleich zu anderen Regierungsformen in einer Demokratie erforderliche hohe Maß an Aufmerksamkeit und Engagement für das Gemeinwohl dürfte neben der Bürgerkriegsdrohung der zweite Grund für das ausgeprägte Gefährdungsempfinden in Demokratien sein. Viele Bürgerinnen und Bürger spüren, dass sie eigentlich sehr viel mehr für das Gemeinwesen tun müssten, damit es demokratisch regiert und verwaltet werden kann, sie können oder wollen das erforderliche Engagement – aus welchen Gründen auch immer – aber nicht aufbringen. Also haben sie ein schlechtes Gefühl und fürchten, das könne auf Dauer nicht gut gehen. Sie wissen um den Nutzen einer demokratischen Ordnung, scheuen aber davor zurück, die dafür erforderlichen Kosten zu tragen, von der Aufmerksamkeitsfokussierung auf das Politische bis zur Aufopferung erheblicher Zeit für politisches Engagement.

Verknüpft man nun La Boéties Formel von der freiwilligen Knechtschaft mit Huntingtons Beobachtung einer Wellenbewegung im Hinblick auf eine fortschreitende Demokratisierung und deren regelmäßiges Zurückströmen, so lässt sich daraus die Hypothese entwickeln, dass eine mehrjährige Erfahrung von Knechtschaft – von autoritärer Bevormundung bis hin zu physischer Bedrohung – den Freiheitswillen der Menschen anfeuert und sie dazu veranlasst, ein Unterdrückungsregime in einem Akt entschlossenen Widerstands zu Fall zu bringen. Sie befinden sich dann in einer Phase gesteigerten Engagements, wenden sehr viel Zeit für öffentliche Angelegenheiten auf und schaffen einen Erwartungshorizont der politischen Ordnung, der für Normalisierungsprozesse nach dieser Hochzeit demokratischen Engagements nicht geeignet und den »Mühen der Ebene«, um mit Bertolt Brecht zu sprechen, nicht gewachsen ist. Dann machen sich Enttäuschungen breit, viele »Aktivisten der ersten Stunde« ziehen sich aus der Politik zurück, manche aus Enttäuschung darüber, dass sich der politische Betrieb entgegen ihren Erwartungen als ein »Bohren harter Bretter« erwiesen hat,[53] andere, weil sie sich nach einem zeitlich begrenzten Ausflug in die Politik nun wieder ihrem beruflichen

Fortkommen oder ihrer privaten Existenz widmen wollen – oder müssen.

Im schlimmsten Fall ist in der demokratischen Hochphase eine politische Ordnung installiert worden, die auf ein großes und kontinuierliches Engagement als Funktionsvoraussetzung des politischen Betriebs angewiesen ist und den Rückzug der Aktivistinnen und Aktivisten aus der Gründungsphase nicht übersteht. Die demokratische Ordnung trocknet dann aus und verdorrt von unten, von den Graswurzeln her. Das abgestorbene Projekt wird dann von Oligarchen oder Autokraten zügig abgeräumt und durch eine ihnen genehme Ordnung ersetzt. Im weniger bedrohlichen Fall hat der Rückzug der Bürger aus der Politik zur Folge, dass Berufspolitiker deren Tätigkeit übernehmen und einen Normalbetrieb der Demokratie einrichten, der die Bürgerinnen und Bürger weniger in Anspruch nimmt, dafür aber Gefahr läuft, sie auch weniger zu interessieren und anzuziehen, mit der längerfristigen Folge, dass die Demokratie für die Lebensführung und -gestaltung der meisten Menschen zunehmend an Bedeutung verliert. Sie wird selbstverständlich, man hat sich an sie gewöhnt. Das läuft dann auf eine schleichende Gefährdung der demokratischen Ordnung hinaus. Die Übernahme einer Demokratie durch Oligarchen und Autokraten hat inzwischen jedoch nicht mehr die disruptive Dynamik, die mit den selten gewordenen Militärputschen verbunden war. Sie verbirgt sich zumeist hinter einer Fassade, die den Fortbestand der Demokratie vortäuscht. Darin immerhin hat Fukuyama recht behalten: Die Alternativlosigkeit der Demokratie zeigt sich zumindest darin, dass Autokraten sich als Demokraten präsentieren. Einen großen Schub politischen Engagements stellten, auf Deutschland bezogen, die großen Demonstrationen gegen das SED-Regime in der DDR, der Fall der Berliner Mauer und die Versammlungen und Beratschlagungen über Art und Weise einer Neugestaltung der politischen Verhältnisse dar. Das Niveau dieses Engagements über einen Zeitraum von etwa zwei Jahren ließ sich nicht auf Dauer stellen, sondern stellte einen Ausnahmezustand dar, in dem Erwartungen entstanden, die zu groß waren, um nicht enttäuscht zu werden. Als dann auch noch der wirtschaftliche Einbruch erfolgte, breitete sich eine Stimmung der Niedergeschlagenheit aus, die vom Gefühl der Vergeblichkeit bis zur Vorstellung des Betrogenseins reichte und die schließlich in den Aufstieg populistischer Parteien vor allem in den »neuen Bundesländern« mündete. Etwas ähnliches, wenngleich weniger disruptives lässt sich in der alten Bundesrepublik beobachten, wo es in den 1970er- und 1980er-Jahren zu einer »partizipatorischen Revolution« kam, als viele Bürger sich in Bürgerinitiativen und Nichtregierungsorganisationen engagierten, weswegen viele Beobachter von einer zweiten Etappe der (west-)deutschen Demokratie sprachen. Aber dieses Engagement wurde den Parteien entzogen und ließ sich auch nicht kontinuieren. Es war volatiler als die klassische Pateimitgliedschaft und kaum institutionell gebunden, so dass es seit den 1990er Jahren zu einem umfassenden Engagementschwund kam. Solche Schwankungen des Engagementniveaus sind immer wieder zu beobachten und auf der absteigenden Kurve nistet sich häufig die Befürchtung ein, jetzt gehe es mit der Demokratie zu Ende. Das ist zumeist nicht der Fall, weil auf den Abschwung ein neuer Aufschwung folgt. Wo das jedoch nicht der Fall ist, schreibt sich Skepsis in die Zukunftsaussichten der Demokratie ein.

Neben diesen im weiteren Sinn sozialpsychologischen Ursachen kann als Erklärung für das notorische Gefühl der Bedrohtheit in Demokratien auch die Auflösung von sozio-ökonomischen Konstellationen herausgestellt werden, die zeitweilig demokratieförderlich gewirkt haben. So hat nach dem Zweiten Weltkrieg eine stabile Wirtschaftskonjunktur den demokratischen Konsens in der westlichen Welt getragen und dafür gesorgt, dass es nicht zu einer Abwendung größerer Teile der Bürgerschaft von der demokratischen Ordnung und ihrer Hinwendung zu autoritären Führergestalten kam, wie das in den 1920er und 1930er Jahren als eine Folge von Arbeitslosigkeit und Verarmung, Hunger und Elend der Fall war. Es ging den Menschen in Westeuropa und Nordamerika in der zweiten Hälfte des 20. Jahrhunderts gut, und es herrschte die Erwartung vor, dass alles in Zukunft noch besser sein werde. Die soziale Sicherheit verband sich mit der Vorstellung eines schrittweisen Aufstiegs, der einerseits individuell erfolgte, andererseits aber auch eine kollektive Dimension hatte, also alle betraf und sie unabhängig von ihrem persönlichen, beruflichen oder geschäftlichen Erfolg auf dem Weg zu größerem Wohlstand »mitnahm«. Die Erfahrung einer kontinuierlichen wirtschaftlichen Aufwärtsentwicklung und eines beständig steigenden Wohlstandsniveaus verband sich mit der Vorstellung, dies habe wesentlich mit der Demokratie zu tun, und diese Verknüpfung von

Demokratie und Wohlstand wurde so zu einem verlässlichen demokratischen Stabilitätsanker – bis hin zu der in den 1990er Jahren dominierenden Vorstellung, Demokratie, Marktwirtschaft und Wirtschaftsaufschwung gingen Hand in Hand miteinander, sodass man damals glaubte, die Demokratisierung der ostmitteleuropäischen Länder werde dort zu einem schnellen Anstieg des Wohlstands führen, während man mit Blick auf China davon überzeugt war, die »kapitalistische Wende« des Landes müsse zwangsläufig in einer Demokratisierung des Reichs der Mitte enden. Beide Erwartungen wurden enttäuscht,[54] und spätestens mit der globalen Finanzkrise im Gefolge des Zusammenbruchs der Investmentbank Lehman Brothers wurde auch in den reichen Staaten des »Westens« klar, dass die demokratische Ordnung keine Garantie für verlässlichen Wohlstand war. Aus der zeitweiligen Stütze der Demokratie wurde durch den Übergang von Wohlstandssteigerung zu Wohlstandseinbußen eine Schwächung der Demokratie, nachdem diese sich allzu eng mit dem Wohlstandsversprechen liiert hatte.[55]

Die Verbindung von wirtschaftlicher Stabilität und demokratischer Ordnung kam einem bestimmten

Typus der Demokratie zugute, der eine starke Orientierung an der politischen Mitte aufweist (die in der Gesellschaftsstruktur mit einer starken sozialen Mitte korrespondiert), in der extreme Parteien keine größere Rolle spielen, sondern in der die qua Wahl erfolgte Entscheidung über den politischen Kurs zwischen einer Volkspartei der rechten Mitte und einer Volkspartei der linken Mitte fällt. Danach stellt die eine die Regierung und die andere geht in die Opposition. Auch in diesen stabilen oder konsolidierten Demokratien, wie Wolfgang Merkel und Weitere sie bezeichnen, gibt es immer wieder charismatische Politikerpersönlichkeiten, doch deren Charisma ist in die Programmatik der jeweiligen Partei und die Adaptionsfähigkeit ihres Apparats »eingebettet«. Um es zu pointieren: Die Partei bringt Politikerinnen und Politiker mitsamt ihrem Charisma hervor – und nicht umgekehrt. Das Charisma war damit demokratiekompatibel. Inzwischen gilt jedoch: Charismatische Politiker schaffen sich eine Partei, die das Organisationsumfeld ihrer herausgehobenen Person bildet – zu beobachten bei Silvio Berlusconi in Italien, Sebastian Kurz in Österreich und selbst Emmanuel Macron in Frankreich. Letztlich ist auch Donald Trump diesen Politikern zuzurechnen, insofern er mit seinen Anhängerinnen und Anhängern die republikanische Partei »gekapert« hat, die wiederum ihrer »Übernahme« keinen Widerstand entgegengesetzt hat, wiewohl Trumps Parolen und Vorhaben dem politischen Profil der Partei in vielen Punkten widersprachen.[56] Derlei wäre in den Zeiten der starken Parteiendemokratie kaum möglich gewesen. Der Bedeutungsverlust der Parteien hat das Charisma demokratisch »entbettet« und es zu einer Ressource mit antidemokratischem Potential werden lassen.

Demokratie in Bedrängnis

Nun ist das Ende der Parteiendemokratie herkömmlichen Typs und der Dominanzverlust der Volksparteien, der bis zu deren endgültigem Verschwinden führen kann, nicht gleichbedeutend mit dem Ende der Demokratie insgesamt.[57] Eher sollte man von einer Mutation der Demokratie sprechen. Tatsächlich hat mit der Erosion der Parteiendemokratie und dem Niedergang der Volksparteien eine breite Diskussion über alternative Formen bei der Organisation politischer Willensbildung eingesetzt. So beispielsweise die Erwartung, der mit dem Zerfall der Volksparteien freigesetzte Populismus auf der politischen Rechten wie Linken könne zu einer Revitalisierung des Parteiensystems beitragen. Oder auch die Forderung nach einer stärkeren Aufnahme direktdemokratischer Elemente entsprechend dem Vorbild der antiken Demokratie in das Design der modernen Demokratie sowie dem exakt entgegengesetzten Vorschlag, wonach durch den stärkeren Einbezug von Expertinnen und Experten in die Beratungs- und Entscheidungsprozesse der Sachverstand in der Politik gestärkt werden solle. Bis hin zur Idee eines Rückbaus der Demokratie, indem das aktive und passive Wahlrecht auf Personen mit höherem Bildungsgrad beziehungsweise Bildungsabschlüssen und – wie angenommen wird – entsprechender politischer Urteilskraft beschränkt werden soll, die Demokratie also in eine Epistokratie, eine Herrschaft der Klugen und Weisen nach der Vorstellung in Platons *Politeia*, überführt wird.[58]

Die Veränderung der sozio-ökonomischen Konstellationen seit der Jahrtausendwende in Verbindung mit der Befürchtung, die politische Welt des 21. Jahrhunderts werde keine des sicheren Friedens und Wohlstands mehr sein, wie man das nach dem Ende der Ost-West-Konfrontation erwartet hatte (hier stehen bereits die Terroranschläge vom 11. September 2001 für eine gewisse

Eintrübung der Erwartungen, während der russische Angriffskrieg von 2022 gegen die Ukraine zu einem tiefgreifenden Bruch in der Erwartung eines immerwährenden Friedens in Europa führte), hat die der Demokratie günstigen Verhältnisse schrittweise zum Verschwinden gebracht. Mit der Dauer des Kriegs in der Ukraine kam zusätzlich die Befürchtung auf, der Höhepunkt der Wohlstandsentwicklung in den europäischen Demokratien sei infolge wachsender Rüstungsausgaben und steigender Inflationsrate überschritten, was zu verschärften Verteilungskämpfen führen werde. Eine weitere Etappe in dem Niedergang der Hoffnung, die politische Zukunft werde im globalen Maßstab der Demokratie gehören, war das völlige Scheitern des von den USA betriebenen und von einigen europäischen Mächten unterstützten Projekts einer Demokratisierung der islamischen Welt mit militärischer Gewalt, die entweder dazu eingesetzt wurde, einen Diktator zu entmachten (wie Saddam Hussein im Irak oder Muammar al-Gaddafi in Libyen) oder eine gegenüber der westlichen Vorstellung von Demokratie und Menschenrechten feindselige Gruppierung zu zerschlagen (wie das Talibanregime in Afghanistan). Der Abzug der westlichen Streitkräfte aus Afghanistan im Sommer 2021 mitsamt den dramatischen Bildern vom Flughafen in Kabul stehen für den definitiven Abschied von der Idee einer weltweiten Ausbreitung des demokratischen Rechtsstaats. Der schnelle Zusammenbruch des vom »Westen« aufgebauten und unterstützten Regimes in Kabul beziehungsweise dessen Preisgabe im Rahmen der Doha-Verhandlungen lief auf das Eingeständnis hinaus, dass der Raum demokratischer Ordnung für unabsehbare Zeit auf den »Westen« beschränkt sein werde.[59] Der russische Angriff auf die Ukraine Ende Februar 2022 wiederum wurde zum Symbol dafür, dass nicht nur die weitere Ausdehnung der Demokratie an ihr Ende gekommen war, sondern auch im Entstehen befindliche Demokratien, die womöglich zum politischen Vorbild für ihre Nachbarn werden können, gefährdet sind und angegriffen werden, um diese Vorbildhaftigkeit zu beenden. Als politisches Modell für die Ordnung eines Gemeinwesens ist die Demokratie damit in die Defensive geraten, wobei der Zustand defensiver Selbstbehauptung erhebliche Kosten verursacht, oder sie befindet sich, etwa in Lateinamerika und Südostasien, schon seit Längerem auf dem Rückzug. Das dürfte für lange Zeit so bleiben. Doch auch in geografischen Räumen, in denen der demokratische Rechtsstaat im 18. und 19. Jahrhundert entstanden ist, ist die Demokratie in Bedrängnis geraten. Sowohl in Nordamerika als auch in Westeuropa lässt sich in den letzten zwei Jahrzehnten neben Prozessen der Entdemokratisierung – etwa durch die Verschiebung von Entscheidungskompetenzen in nicht durch demokratische Wahlen, sondern nach Kompetenz- und Proporzvorgaben besetzte Institutionen und Gremien[60] – eine zunehmende politische Polarisierung beobachten, in deren Folge sich zwei Gruppen unversöhnlich gegenüberstehen: Die eine von ihnen will den demokratischen Rechtsstaat verteidigen, während die andere, wenn sie an die Macht gekommen ist, durch ein Neuarrangement der Institutionen – insbesondere durch politische Einflussnahme auf die Justiz, die Besetzung relevanter Positionen mit eigenen Gewährsleuten und exekutive Kontrolle über Presse, Rundfunk und Fernsehen – die Wahrscheinlichkeit eines Machtwechsels bei den nächsten Wahlen unwahrscheinlich bis unmöglich machen will. Wir haben es bei letzterem Vorgehen mit einem Hybrid aus schleichender Oligarchisierung und Übernahme des Staatsapparats durch eine politische Partei zu tun. Selbst die Minimaldefinition der Demokratie – die mit Wahlen verbundene Möglichkeit des Machtwechsels – wird damit au-

Sowohl in Nordamerika als auch in Westeuropa lässt sich in den letzten zwei Jahrzehnten eine zunehmende politische Polarisierung beobachten, in deren Folge sich zwei Gruppen unversöhnlich gegenüberstehen ßer Kraft gesetzt. Im Sinne der oben angestellten Überlegungen zur defekten beziehungsweise beschädigten Demokratie[61] handelt es sich dabei um den Übergang einer defekten Demokratie zu einer Fassadendemokratie, in der das Demokratische zu einem Ritual verkommen ist, das eine faktisch autokratische Herrschaft verdeckt. Die Tyrannei versteckt sich hier hinter einer demokratisch getünchten Fassade. Das aktuelle Beispiel dafür ist Russland.[62] Und man kann sich des Eindrucks nicht erwehren, dass die USA unter Trump sich auf einem ähnlichen Weg befinden.

Von der Gutenberg-Galaxis zum World Wide Web

Zu den sozio-ökonomischen Konstellationen, die in der zweiten Hälfte des 20. Jahrhunderts die Konsolidierung des demokratischen Rechtsstaats begünstigt und gefördert haben, kommen die medialen beziehungsweise kommunikationstechnischen Möglichkeiten des 19. und 20. Jahrhunderts hinzu, die als kommunikative Entsprechung und Ermöglichung der parlamentarischen Demokratie angesehen werden können.[63] Die Entstehung der modernen westlichen Demokratie ist danach aufs Engste mit der Ausbreitung und Durchset-

zung der »Gutenberg-Galaxis« verbunden, wie der Medienwissenschaftler Marshall McLuhan den Buchdruck und das Zeitungswesen mitsamt den damit verbundenen Wissensspeichern und Kommunikationsmöglichkeiten genannt hat.[64] War die Fähigkeit zu Lesen und Schreiben vor Erfindung des Buchdrucks auf wenige Spezialisten und einige Angehörige der politischen Eliten beschränkt, so erlangten im 18. und 19. Jahrhundert breite gesellschaftliche Schichten Zugang zum geschriebenen Wort, was eine wesentliche Voraussetzung für ihre Teilnahme an der gemeinsamen Beratschlagung über soziale und politische Probleme war. Indem Zeitungen gelesen wurden, verschaffte man sich nicht nur Wissen über die gerade zur Debatte stehenden Probleme, sondern hatte auch in Auseinandersetzung mit den jeweiligen Auffassungen der politischen Parteien die Möglichkeit zu einer eigenen Meinungsbildung.
Das war die Grundlage dessen, was gemeinhin die deliberative Komponente der Demokratie genannt wird, die in der modernen Demokratie sehr viel stärker ausgeprägt ist als etwa in der antiken Demokratie, die als Präsenzdemokratie der Volksversammlungen auf die Dezision, den Akt der Entscheidung, konzentriert war: Man konnte sich

auf dem Pnyx, jenem Hügel, auf dem sich in Athen das Volk versammelte, nur ein paar Stunden, allerhöchstens einen Tag von morgens bis abends, zusammenfinden, und danach mussten die anstehenden Fragen entschieden sein.[65] Den Zeitdruck, unter dem die direkte Demokratie in Athen stand – deswegen wurde diese auch als »Stimmungsdemokratie« bezeichnet – hatte die moderne Demokratie nicht, zunächst infolge ihrer eigenen institutionellen Ordnung, vor allem aber wegen der anderen Medien, Zeitungen, Zeitschriften und Bücher, die lange währende Kommunikations- und Reflexionsprozesse ermöglichten, wohingegen in Athen unter dem Eindruck von Rede und Gegenrede unmittelbar entschieden werden musste. Der Übergang von der Mündlichkeit zur Schriftlichkeit, vom Hören zum Lesen und die mit der Speicherfunktion der Schriftlichkeit verbundene Mnemokultur eines jederzeit verfügbaren Wissens und eines wiederherstellbaren Diskussionsstandes ermöglichte zeitlich ausgedehnte Beratungsprozesse, die man obendrein auch noch für eine gewisse Zeit unterbrechen konnte, um zusätzliches Wissen einzuholen oder Entwicklungen genauer zu beobachten, bevor man folgenreiche Entscheidungen traf. So entstand die Beratungsdemokratie, die ohne ihre Einbettung in die Gutenberg-Galaxis nicht möglich gewesen wäre. Parallel dazu entwickelte sich die Parteiendemokratie, die ohne die neuen Kommunikationsmedien – Parteizeitungen, Flugblätter, Plakate – schwerlich entstanden wäre. Die repräsentative Demokratie und der Parteienstaat waren und sind aufs Engste mit der Gutenberg-Galaxis verbunden.

Die moderne unterscheidet sich von der antiken Demokratie nicht zuletzt dadurch, dass in ihr deutlich komplexere Fragen zum Gegenstand der politischen Beratungen gemacht werden können und dass die zu bewältigenden Probleme sich in einer sehr viel weiteren zeitlichen Perspektive reflektieren lassen. So wuchsen die Gestaltungstiefe der politischen Ordnung ebenso wie die Handlungsmacht der politischen Akteure. Parallel dazu stieg aber auch die Erwartung der Bürgerinnen und Bürger, dass »die Politik« Aufgaben zu übernehmen und Probleme zu lösen imstande sei, die man früher dem Schicksal oder dem Wirken göttlicher Mächte anheimgestellt hatte. Die gewachsene Gestaltungsmacht der Politik wurde mit der Zeit von den gestiegenen Leistungserwartungen der Bürgerschaft an der Politik eingeholt und überholt, und diese »Revolution der gestiegenen Erwartungen«

verband sich seit den 1960er Jahren, einer Zeit, in der auch die Bürgerinitiativen und die gesellschaftliche Protestbewegungen entstanden, mit der Vorstellung, die Lücke zwischen Erwartungshaltung und staatlichem Leistungsprofil lasse sich durch eine stärkere Demokratisierung der staatlichen Institutionen schließen. Dabei ging es nicht so sehr um die Inklusion weiterer, bislang von der Teilhabe ausgeschlossener Bevölkerungsschichten in den politischen Prozess, als vielmehr um eine Intensivierung der politischen Teilhabe durch den Einbau direktdemokratischer Elemente in die parlamentarische Demokratie.

Die sich ausbreitende Vorstellung von der unzulänglichen Responsivität des parlamentarischen Systems gegenüber den Vorstellungen und Anliegen der Bürgerschaft[66] wurde durch die Entstehung neuer Medien und Kommunikationssysteme befeuert. Das Internet spielte dabei eine große Rolle, insofern sich damit die Erwartung verband, dass die Beschleunigung und Verdichtung der Kommunikation bei der politischen Beteiligung zu einem Quantensprung führen werde: Neben die *vertikale* Kommunikation zwischen Bürgerschaft und Regierung werde eine *horizontale* Kommunikation treten, in der sich die Bürgerschaft über ihre Ziele und Absichten verständige, um einen auf konkrete Fragen bezogenen politischen Willen auszubilden, der dann der Regierung imperativisch vorgetragen werde. Der kommunikationstechnische Sprung des Internets sollte eine schrittweise Transformation der neuzeitlichen Demokratie nach dem Vorbild der antiken Demokratie möglich machen. Für viele, die mit der beschränkten Responsivität des Parlamentarismus unzufrieden waren, sah es so aus, als sei eine durchschlagende Steigerung der Partizipationsintensität nur eine Frage der technischen Möglichkeiten, und die waren mit dem Übertritt aus der Gutenberg-Galaxis in die Ära von World Wide Web und Neuen Sozialen Medien ja vorhanden. Man musste den Schritt nur machen.

Das war, wie wir inzwischen wissen, ein folgenreicher Irrtum. Die moderne Demokratie funktionierte nämlich nur noch zum Teil auf der Grundlage von Mehrheitsentscheidungen, wie das in der klassischen Präsenzdemokratie und auch noch im ursprünglichen parlamentarischen Modell von Rede, Gegenrede und Abstimmung der Fall war, denn daneben hatte sich eine Kultur der Aushandlungsprozesse herausgebildet, in der unterschiedliche Positionen berücksichtigt und zum Bestandteil der schließlich gefundenen Lösung gemacht werden müssen. Dadurch war eine begrenzte Inversion von Exekutive und Legislative entstanden, insofern das Parlament die Regierung nicht mehr nur kontrollierte, sondern auch erheblich an der Regierungstätigkeit teilnahm.[67] Das lief nicht nur auf eine größere Variabilität und Flexibilität der politischen Entscheidungsverfahren hinaus, sondern ermöglichte auch die Bearbeitung deutlich komplexerer Aufgaben und Herausforderungen, als das in der binären Struktur von Zustimmung oder Ablehnung bei Mehrheitsentscheidungen der Fall ist.[68]

Langwierige Anhörungsverfahren zur Bearbeitung komplexer Probleme und binäre Entscheidungen bei der Abstimmung über einfache Fragen lassen sich jedoch nicht ohne Weiteres kombinieren. Vor allem ist die Vorstellung aufgekommen, auch komplexe Fragen ließen sich qua Mehrheitsfindung, zumal in Volksabstimmungen, entscheiden, was im Ergebnis zu großem organisatorischem Aufwand bei geringem politischem Ertrag führen würde. Obendrein erwies sich die horizontale Kommunikation der Bürgerinnen und Bürger zur Bildung eines dem Regierungshandeln opponierenden Willen als sehr viel schwieriger denn zunächst angenommen; durch die Kommunikationswege des Internets lassen sich zwar Ort und Zeitpunkt für Demonstrationen und Kundgebungen verabreden, aber strittige Fragen unter Abwägung verschiedener Argumente zu klären ist letzten Endes nur in kleinen und begrenzten Zirkeln möglich. Tatsächlich setzten sich sehr schnell Verschwörungstheorien im Internet durch, die für sich in Anspruch nahmen, erklären zu können, warum manches sich so entwickelte, wie es sich vor aller Augen zutrug, wer hinter den Entwicklungen steckte oder zumindest seine Finger im Spiel hatte usw. Kurzum, komplexe Fragen wurden verschwörungstheoretisch zu einfachen Problemen gemacht, deren Narrative in der Regel darauf hinausliefen, dass eine kleine Gruppe von Personen damit beschäftigt war, die große Mehrheit der Bürgerinnen und Bürger zu belügen und betrügen, und dabei die eigenen Ziele und Absichten gegen den »Volkswillen« durchsetzte. Parallel dazu wurde die ursprünglich als horizontal perspektivierte Kommunikation der Bürgerinnen und Bürger in der Realität des Internets vertikalisiert, insofern einige Stichwortgebende Vorstellungen in die Welt setzten, die von ihren Followern unkritisch aufgenommen und weiterverbreitet wurden.

Was zeitweilig als »Schwarmintelligenz« gefeiert worden war, erwies sich nach einiger Zeit als pures Herden- oder Rudelverhalten. Für die demokratische Willensbildung war damit nichts gewonnen, im Gegenteil: Viele wurden im Gefolge der Kommunikationsrevolution unwissender und verbohrter, als sie es vordem in den Konstellationen der Gutenberg-Galaxis gewesen waren.[69]

Die ambivalente Wirkung des Internets für die konsolidierte Demokratie besteht nicht zuletzt darin, dass es zu einer permanenten Aufregung über einzelne Posts und eine damit verbundenen Prämie auf exzentrische oder extremistische Äußerungen geführt hat, und das in Verbindung mit einer zuvor unvorstellbaren Bequemlichkeit beim Aufstellen politischer Behauptungen. Man muss dazu nicht einmal den Raum des Privaten verlassen, um auf einer Kundgebung ein Plakat mit Parolen hochzuhalten. Gleichzeitig muss man für den Wahrheitsgehalt seiner Behauptungen nicht einstehen und sich in einer womöglich heftigen Diskussion mit anderen Teilnehmenden der Kundgebung oder Versammlung persönlich zu seiner Position bekennen. So befördert das Internet zwei Phänomene: eine forcierte Gereiztheit der allgemeinen Stimmung,[70] in deren Folge Provokationen und Invektiven zum prägenden Modus des politischen Austauschs geworden sind, sowie eine bequeme und weithin risikolose – da häufig anonym oder mit Decknamen gepostet wird – Verbreitung provokativer Äußerungen. All diese Dynamiken treten parallel zur Verwandlung der politischen Öffentlichkeit in eine Aneinanderreihung privater Räume auf, aus denen heraus politische Öffentlichkeit simuliert und nicht mehr zum gemeinsamen Raum des Zusammenhandelns der Bürgerschaft wird.[71] Damit wird eine Grundvoraussetzung der Demokratie in Frage gestellt, jedenfalls bei jenem Typ von Demokratie, der *vor* die Entscheidung einen längeren Prozess gemeinsamen Beratschlagens gestellt hat.

Als Orte politischer Meinungsbildung sind die Medien seit jeher auch die Speicherplätze des kulturellen und politischen Gedächtnisses eines Staates oder auch Großreichs – von den Stelen der babylonischen Könige und den Papyroi der ägyptischen Pharaonen über die Abhandlungen und Reden athenischer Politiker und Philosophen bis zu der in Zeitungsartikeln ausgetragenen Debatte, ob sich die amerikanischen Staaten, die gerade ihre Unabhängigkeit erkämpft hatten, nun als Staatenbund oder Bundesstaat organisieren sollten,[72] oder den Flugschriften, in denen die Gegner der Monarchie in Frankreich deren Legitimität in Frage stellten, indem sie allerhand anzügliche Geschichten über die eheliche Treue der Königin verbreiteten und Zweifel an der Zeugungsfähigkeit des Königs lancierten.[73] Diese Räume waren nie bedingungslos der Wahrheit und Wahrhaftigkeit verpflichtet, sondern in ihnen wurde der politische Kampf immer auch mit Übertreibungen und Falschbehauptungen geführt, bei denen aber in einer kuratierten Presse stets die Möglichkeit zu ihrer Überprüfung und Korrektur bestand. Das ist im Grundsatz bei den Sozialen Medien zwar auch möglich, doch macht die überbordende Fülle der im Internet zirkulierten Behauptungen, die obendrein nicht ausdrücklich als Meinungen gekennzeichnet sind, sondern als Berichte über Sachverhalte daherkommen, es unmöglich, sie einem zuverlässigen Test auf Wahrheit oder Unwahrheit zu unterziehen. Für diesen Test waren in der Vergangenheit, in der Gutenberg-Galaxis, die Herausgeber und Redakteurinnen der Zeitungen sowie die Verantwortlichen von Rundfunk und Fernsehen zuständig, und im Rechtsstaat waren sie durch das Presserecht sogar darauf verpflichtet. Im Internet hingegen vagabundieren die Verschwörungstheorien und Falschbehauptungen über Wochen weiter.

Dabei ist die Demokratie in besonderer Weise von zuverlässigen Informationen abhängig, da diese die Grundlage der politischen Willensbildung darstellen – im Unterschied zu den oligarchischen und autokratischen Regierungsformen, in denen die Masse der Bevölkerung Objekt der Informationssteuerung seitens der Herrschenden ist. Diese Differenz zwischen Demokratie und Diktatur – der autoritären wie der totalitären – galt in der Vergangenheit als verlässliches Unterscheidungsmerkmal zwischen einer Demokratie und den nichtdemokratischen Regimen. In diesem Sinn wurden unabhängige Medien auch als »vierte Gewalt« in der gewaltenteilig verfassten demokratischen Ordnung bezeichnet. Sie kontrollierten die Machtausübung des Staates wie das Agieren einzelner Politikerinnen und Politiker, doch diese Kontrolle funktioniert nur, solange sich die Bevölkerung auf den Wahrheitsgehalt der Informationen verlassen kann. Diese Verlässlichkeit ist die Achillesferse der Demokratie, und dementsprechend ist sie seit jeher gefährdet. Inzwischen

Dabei ist die Demokratie in besonderer Weise von zuverlässigen Informationen abhängig, da diese die Grundlage der politischen Willensbildung darstellen.

muss man konstatieren: So groß wie zurzeit war die Gefährdung noch nie.

Die Feinde der Demokratie haben das erkannt, und zwar die Feinde im Innern ebenso wie die, die von außen kommen. Auch das ist prinzipiell keine Neuerung, aber die Sozialen Medien haben den inneren wie äußeren Feinden den Angriff auf die Achillesferse der Demokratie um vieles leichter gemacht. Sowohl Putins »Trolle« – Desinformationsspezialisten, die mit gezielten Falschinformationen Einfluss auf die demokratische Willensbildung nehmen und sie im Interesse eines anderen Staates zu beeinflussen suchen oder dafür sorgen, dass sich Zweifel an der Zuverlässigkeit des Informationssystems insgesamt breitmachen – als auch Politiker, die in einer Demokratie an die Macht kommen wollen, um diese Macht dann nicht mehr abzugeben, streuen zu diesem Zweck Falschinformationen oder bezeichnen gut abgesicherte Informationen ihrerseits als Fake News – Donald Trump und Boris Johnson waren und sind Protagonisten dessen –, sind zu einer Bedrohung der Demokratie geworden. Zugegeben: All das hat es schon immer gegeben. Aber das Geschäftsmodell einer durch Werbung finanzierten und redaktionell kuratierten Presse war (außer vielleicht in Kriegszeiten) ein Filter gegen die schlimmsten Lügen und Verschwörungstheorien, während man im Internet unbesorgt und hemmungslos lügen kann, um in der Bevölkerung Angst und Wut zu erzeugen.[74] Die Folge dessen ist einerseits eine scharfe politische Polarisierung innerhalb der Gesellschaft und andererseits eine wachsende Zahl von Menschen, die sich nicht mehr in der Lage sehen, zwischen Wahrheit und Lüge zu unterscheiden. Ist die Gruppe der Letztgenannten erst einmal zur Mehrheit geworden, steht die Demokratie vor ihrem Ende. Insofern ist das fortgesetzte Bemühen um die Unterscheidbarkeit von Wahrheit und Lüge ein Kampf um die Überlebensbedingungen der Demokratie.

Dass in Demokratien die Unterscheidung zwischen Wahrheit und Lüge eine so zentrale Rolle spielt, hat mit der Gleichzeitigkeit von Konflikt und Konsens als Modus der Willensbildung und Machtvergabe in ihnen zu tun. In der politischen Theorie ist seit Platon vor dem Faktionalismus gewarnt worden – der Bildung aparter Gruppen und Parteien, die ihre partikularen Interessen und Werte als die des gesamten Gemeinwesens durchsetzen wollen und die bei einem drohenden Scheitern dieses Vorhabens auch bereit sind, einen erbitterten Kampf gegen andere Faktionen führen, der das Gemeinwesen spaltet und zuletzt im Bürgerkrieg endet. Der Verweis auf die Gefahren des Faktionalismus war zumeist mit der Rechtfertigung einer »Politik der harten Hand« verbunden, der Unterdrückung und Verfolgung von Auffassungen und Werten, die von denen der Staatsspitze abwichen oder ihr entgegengesetzt waren. Die moderne Demokratie hat den entgegengesetzten Weg beschritten und hat – so der explizite Vorschlag der *Federalist Papers*[75] – auf die Vermehrung der Faktionen gesetzt, die sich gegenseitig in Schach halten und ihre Interessenkontroversen nach gemeinsam anerkannten Regeln austragen. Sie akzeptieren zeitweilige Niederlagen in dem Wissen, dass sie in einer Demokratie bei der nächsten Abstimmung siegreich sein können, und sie verzichten infolge der Wertschätzung dieses Systems darauf, die auf Zeit erfolgte Machtübertragung dahingehend auszunutzen, die demokratischen Regeln außer Kraft zu setzen und sich in den Machtpositionen dauerhaft einzurichten.

Da dieser Respekt vor den Regeln der Demokratie aber keineswegs selbstverständlich ist, hat der demokratische Rechtsstaat eine Fülle von Vorkehrungen getroffen, um seine staatsstreichförmige Aushebelung durch die gegenwärtig Machthabenden zu verhindern. Dazu gehören im System der Gewaltenteilung vor allem eine unabhängige Justiz und eine freie Presse. In konsolidierten Demokratien erweist sich dieses System als stabil und hält seiner Bedrohung Stand, wie das in den USA während der ersten Präsidentschaft von Donald Trump im Großen und Ganzen der Fall war. Ob das auch in der zweiten Präsidentschaft so sein wird, lässt sich bezweifeln, da Trump den Angriff auf die Institutionen inzwischen durch eine Verunglimpfung und Bedrohung der in ihnen tätigen Personen führt. In defekten beziehungsweise beschädigten Demokratien ist eine Widerständigkeit der Institutionen gegen populistische Angriffe nicht gegeben, wofür in Europa die Beispiele Ungarns und (bis zur Abwahl der PiS) Polens stehen. Was sich in allen drei Fällen indes auch gezeigt hat, ist, dass der Angriff der in einer Demokratie an die Macht gelangten Demokratie-Verächter als Erstes gegen die Unabhängigkeit der Justiz und die Freiheit der Presse geführt wird.

Zusammenfassend lässt sich festhalten: Die Demokratie ist eine politische Ordnung, die eine Formierung besonderer Interessen sowie einen

Pluralismus der Werte zulässt. Sie folgt darin der Überzeugung, dass die regelgebundene Austragung von Interessenkonflikten und die Konkurrenz der Werte den Zusammenhalt des politischen Verbandes stärkt und festigt – auf Dauer jedenfalls sehr viel mehr, als das bei deren Unterdrückung der Fall wäre.[76] Verschwörungstheorien und Lügenkaskaden stellen dagegen eine Lizenz dar, die Regeln des Zusammenspiels von Parteiung und Gemeinwohl, Konfliktaustragung und Zusammenhalt außer Kraft zu setzen. Insbesondere Verschwörungstheorien verbreiten die Vorstellung, bei den demokratischen Machtwechseln und den Kontrollinstanzen gegenüber den Mächtigen handele es sich um bloße Inszenierungen, während die eigentliche Machtausübung durch unsichtbare Akteure im Hintergrund erfolge, weswegen die demokratischen Regeln ohne Belang seien und man sie am besten außer Kraft setze, um den Kampf gegen die verborgenen Mächte im Hintergrund aufnehmen zu können. Tatsächlich laufen Verschwörungstheorien jedoch auf innerstaatliche beziehungsweise innergesellschaftliche Feinderklärungen hinaus. Sie sind ein Produkt der Spaltung einer Gesellschaft, wie man das zurzeit vor allem in den

USA beobachten kann, und sie führen, wenn sie in diesen Gesellschaften Einfluss erlangt haben, zur Vertiefung und Verfestigung dieser Spaltung. Sie blockieren die Zusammenhalt-Effekte der Konfliktaustragung und lassen den Konflikt essenziell werden. Durch das Internet und die Wirkung der Sozialen Medien ist die Demokratie gegenüber den Verschwörungsvorstellungen, die es zweifellos schon immer gab, deutlich in die verwundbarer geworden.

3

Worin die Gefährdungen und Bedrohungen der Demokratie bestehen

Grundsätzlich lassen sich die neuen (zum Teil auch schon älteren) Herausforderungen der Demokratie, die sich zu Gefährdungen und Bedrohungen der demokratischen Ordnung auswachsen können, in drei Gruppen unterteilen: *erstens* diejenigen, die aus sozio-ökonomischen Veränderungen erwachsen und Konstellationen hervorbringen, die für den demokratischen Betrieb nicht günstig sind; *zweitens* jene, die mit den Medien zu tun haben und die Art der Kommunikation verändern; und *drittens* solche, die aus dem demokratischen Prozess selbst resultieren, also mit der Art und Weise zu tun haben, wie die allfälligen Probleme, aber auch die außergewöhnlichen Herausforderungen in einer Demokratie bearbeitet werden.

Sozio-ökonomische Entwicklungen und kommunikative Umbrüche im Gefolge medialer Revolutionen treten tendenziell von außen an die Demokratie heran. Das heißt jedoch nicht, dass Demokratien (wie Staaten überhaupt) ihnen passiv ausgeliefert wären. Sie können durchaus auf die sozialen Auswirkungen weltwirtschaftlicher Prozesse Einfluss nehmen und ihnen entgegenarbeiten, wenn diese die Gesellschaft zu spalten drohen. Aber sie können das nur in begrenztem Umfang und auch nur zeitlich eingeschränkt durchstehen, also lediglich in Reaktion auf »Krisen« – auf Entwicklungsunterbrechungen, von denen angenommen wird, dass sie nach einiger Zeit vorüber sind und die Entwicklung wieder ihren vormaligen Verlauf nimmt. Ein auf Dauer angelegter materieller Ausgleich weltwirtschaftlicher Entwicklungen überfordert die wirtschaftliche Leistungsfähigkeit und Finanzkraft der Demokratien und führt zum Verlust der politischen Handlungsfähigkeit – dies konnte man in der Finanz- und Überschuldungskrise am Beispiel Griechenlands beobachten. Die Politik ist im Umgang mit solchen Krisen zumeist reaktiv und nicht proaktiv. Demokratien unterscheiden sich von autoritären Regimen darin, dass in ihnen der Bevölkerung eine Responsivität, eine Artikulationsfähigkeit von Erwartungen zukommt, die sie in autoritären Strukturen nicht hat.

Einen etwas stärkeren, durchaus auch gestaltenden Einfluss hat die Politik im Umgang mit der Kommunikationsrevolution, auf die sie mit gesetzlichen Regelungen einwirken kann, wobei ausgeschlossen werden muss, die Bevölkerung – aus welchen Gründen auch immer – von der Nutzung des technisch Möglichen gänzlich abzuhalten.[77]

Solche Restriktionen sind in Demokratien nicht möglich – und wohl auch nicht wünschenswert. Das können nur autoritäre beziehungsweise totalitäre Regime. Paternalistische Sorge ist in demokratischen Ordnungen nur zeitweilig und nur in begrenztem Umfang angebracht, weil sie im Widerspruch zur demokratischen Grundannahme der »mündigen Bürgerinnen und Bürger« steht. Eine dauerhafte Bevormundung der Bürgerschaft ist mit der Grundidee demokratischer Freiheit unvereinbar. Letzten Endes muss die Bevölkerung selbst für ihre Kompetenz im Umgang mit den Neuen Medien sorgen. Offene Gesellschaften sind insofern verwundbarer als autoritär kontrollierte Gesellschaften.

Anders sieht es hingegen bei der Gestaltung des demokratischen Prozesses aus, bei der Demokratien grundsätzlich einen erheblichen Spielraum haben, um ihre Bearbeitungsfähigkeit von Herausforderungen zu optimieren und Schwächen im bisherigen Procedere zu beheben. Durch Veränderungen in der Art demokratischer Partizipation etwa kann die politische Reaktionsfähigkeit erhöht oder die demokratische Beratschlagung über Problemlösungen intensiviert werden; der demokratische

Prozess kann stärker auf Konsensbildung ausgerichtet werden, oder aber es wird dazu gegensätzlich die Agonalität, also die kontroverse Aushandlung, in der Auseinandersetzung um unterschiedliche Lösungsstrategien verstärkt. Diese Veränderungen in der Struktur des demokratischen Prozesses weisen allerdings in unterschiedliche Richtung, sodass ein Kompromiss zwischen Konsens und Konflikt als Lösung dieses Problems nicht in Frage kommt. Hier müssen grundlegende Entscheidungen über den einzuschlagenden Weg getroffen werden, und damit tun sich die modernen Demokratien, die im Grundsatz auf Kompromissbildung ausgelegt sind, schwer – nicht nur, weil solche Entscheidungen, einmal getroffen, nicht so leicht wieder zu revidieren sind, wenn sie nicht zu den erwarteten Ergebnissen führen, sondern auch, weil sie zumeist nicht ohne Änderungen der Verfassung möglich sind, wofür dann eine Zweidrittelmehrheit vonnöten ist. Eine solche Mehrheit ist aber nur bei einem inhaltlichen Konsens zwischen den Regierungs- und Oppositionsfraktionen im Parlament zu erreichen. Konsens beim Umbau der demokratischen Ordnung ist nur in Ausnahmefällen zu bekommen. So bleibt zu resümieren: Es gibt strukturelle Anpassungsprobleme der Demokratie gegenüber gravierenden

Veränderungen der politischen Herausforderungen. Manche Beobachtende gehen inzwischen so weit, von einer strukturellen Unterlegenheit der demokratischen Ordnung gegenüber autoritär-expertokratischen beziehungsweise autoritär-technokratischen Regimen zu sprechen, was sich im Systemwettbewerb auf Dauer zum Nachteil der Demokratie auswirken werde. Das ist das genaue Gegenteil dessen, was Francis Fukuyama im Sinn hatte, als er das von ihm ausgemachte »Ende der Geschichte« mit der Alternativlosigkeit des demokratischen Ideals verband.[78]

Von den Herausforderungen der Demokratie durch die Kommunikationsrevolution und den Folgen des Endes der Gutenberg-Galaxis war in Kapitel 2 bereits ausführlich die Rede. Deswegen soll hier auf die damit verbundenen Herausforderungen nur kurz eingegangen werden. Stattdessen soll es in diesem Kapitel vor allem um die sozio-ökonomische Herausforderung der Demokratie infolge einer Erosion der gesellschaftlichen Mitte als Ergebnis der neuen globalen Arbeitsteilung und die soziale Polarisierung in den wohlhabenden Ländern des reichen Nordens nach dem Übergang von der Industrie- in eine Dienstleistungsgesellschaft gehen. Dieser Übergang betrifft den Raum, wo es die meisten konsolidierten Demokratien gibt: den globalen Norden. Des Weiteren werden in diesem Kapitel die Dysfunktionalitäten des demokratischen Prozesses infolge des demografischen Wandels, der Verlagerung von weitreichenden Entscheidungsbefugnissen auf internationale Organisationen, einer strukturellen Erwartungsüberlastung der Demokratie und einer kontinuierlich sinkenden politischen Partizipationsbereitschaft der Bürgerinnen und Bürger behandelt – alles Probleme, bei denen die überkommene Organisation des demokratischen Prozesses den neuen Herausforderungen nicht mehr gewachsen oder den zu bearbeitenden Problemen nicht länger angemessen ist. Das gilt vor allem für den Grundsatz einer Entschleunigung des demokratischen Prozesses als Mittel der diskursiven Einbindung möglichst vieler Gruppen der Gesellschaft in politische Entscheidungen.

Gesellschaftlicher Wandel mit Folgen für die Demokratie

Die Vermehrung der Demokratien nach dem Zweiten Weltkrieg und deren gleichzeitige Konsolidierung, die sie vor einem schnellen Zerfall wie nach dem Ersten Weltkrieg schützte,[79] also die von Samuel Huntington so bezeichnete »dritte Welle der Demokratisierung«, ging einher mit einer »langen Welle« der wirtschaftlichen Konjunktur im Sinne Nikolai Kondratieffs.[80] Die Effekte dieser lange währenden Konjunktur verdichteten sich zu der im »Westen« zeitweise wie ein Glaubenssatz zelebrierten Erwartung, dass es den Kindern materiell einmal besser gehen werde als ihren Eltern. Die sich über mehr als ein halbes Jahrhundert hinziehende Erfahrung sozialen Aufstiegs hat zweifellos zur politischen Stabilität der Demokratien beigetragen. Die dritte Welle der Demokratie ritt gleichsam auf einer langen Kondratieff-Welle. Die ist nach fünf Dekaden inzwischen jedoch ausgelaufen, und die technologischen Innovationen, die am Anfang einer neuen langen Welle stehen, insbesondere die Digitalisierung, werden mit Sicherheit nicht dieselben sozialen Effekte haben wie die noch wesentlich auf Industrieproduktion gestützte, weithin abgeebbte letzte Kondratieff-Welle.

An die Stelle der kollektiven Aufstiege sind neben kollektiven Abstiegen, insbesondere solchen in der klassischen Industriearbeiterschaft, wesentlich individuelle Aufstiege getreten, die gänzlich andere gesellschaftliche Folgen haben als die »Fahrstuhleffekte« der Vergangenheit.[81] Vereinfacht gesagt: An die Stelle der Erfahrung von Solidarität als Mittel der Aufstiegsbeschleunigung ist gegenseitige Konkurrenz getreten, und Solidarität ist als Sozialerfahrung aus dem Berufsleben in andere Gesellschaftsbereiche ausgewandert, wo sie von lokalen sozialen Initiativen oder internationalen Nichtregierungsorganisationen gepflegt wird. Das hat erhebliche Auswirkungen auf die Infrastruktur der Demokratie: Der kontinuierliche Rückgang der Wahlbeteiligung, der Niedergang der Volksparteien und die wachsende Zersplitterung des Parteienspektrums lassen sich damit zumindest teilweise erklären. Die politische Mitte – traditionell das stabilisierende Element einer parlamentarischen Demokratie[82] – ist geschwächt, und die Parteien des rechten wie linken Flügels im Parteispektrum haben an politischem Gewicht gewonnen. Vor allem der Rechtspopulismus ist der Profiteur dieser Entwicklung: Die Angst der Mittelschicht vor dem sozialen Abstieg und die Mischung aus Resignation und Empörung einer in prekäre Beschäftigungsverhältnisse abgesunkenen Arbeiterschaft sind genauso zum Wählerreservoir rechtspopulistischer und rechtsextremer Parteien geworden wie die infolge des Strukturwandels der Landwirtschaft verödeten Dörfer und Kleinstädte in strukturschwachen Gebieten.

In diesen Bevölkerungsgruppen findet eine liberale, weltoffene Politik keine Resonanz mehr. Das heißt nicht, dass diese Gruppen für die Demokratie generell verloren, gar zu Feinden der Demokratie geworden wären, aber sie sind das Potenzial, in dem eine antidemokratische, rechtsextremistische Propaganda auf großen Zuspruch stößt. Zu beobachten ist dies in Großbritannien und den USA, in Brasilien und auf den Philippinen, in Frankreich, Italien und Spanien, in Österreich und den östlichen Bundesländern Deutschlands sowie nicht zuletzt in den ostmitteleuropäischen Mitgliedsstaaten der Europäischen Union. Mit dem Rechtspopulismus ist die Forderung nach einer nationalprotektionistischen Wirtschaftspolitik aufgekommen, was die ohnehin seit der Finanz- und Staatsschuldenkrise stark angewachsenen zentrifugalen Kräfte in der EU zusätzlich verstärkt hat. Man muss deswegen nicht, wie das der englische Journalist und Buchautor Paul Mason getan hat, sogleich von einer neuen Welle des Faschismus sprechen,[83] aber Masons Argument, dass die diversen Faschismen in Europa und Lateinamerika in den

1920er und 1930er Jahren ebenfalls auf Grundlage einer angstgetriebenen Desorientierung der Mittelschichten und einer Mischung aus Enttäuschung und Empörung in den unteren Gesellschaftsklassen an die Macht gekommen seien,[84] ist nicht ohne Weiteres von der Hand zu weisen. Es sind Konstellationen einer zunehmenden politisch motivierten Gewalt in Verbindung mit einer tiefgreifenden und lange währenden wirtschaftlichen Depression, auf die die Strategen und Theoretiker des Rechtsextremismus und Faschismus setzen, um die Demokratie zunächst zu schwächen und dann zu zerstören oder selbst zu übernehmen und in ihrem Sinn umzugestalten.[85]

So schlimm muss es nicht kommen, und der Verweis auf die 1920er/1930er Jahre ist zumeist eher suggestiver Art, als dass es belastbare Indikatoren für eine Wiederholung dessen gibt, was sich vor bald einem Jahrhundert zugetragen hat. Obendrein besteht der nicht zu unterschätzende Unterschied des *Heute* gegenüber dem *Damals* darin, dass uns die Vergangenheit als ein politisches Warn- und Stoppschild vor Augen steht. Die Warnanalogie zeigt jedoch immerhin, dass die satte Selbstzufriedenheit der gesellschaftlichen wie politischen Mitte, wie sie die vergangenen Jahrzehnte prägte, nicht mehr vorhanden ist. Deswegen kann man auf sie als stabilisierendes Element der Demokratie auch nicht mehr setzen. Stattdessen ist mit wachsender Dringlichkeit die Frage zu stellen, ob die westeuropäischen Demokratien – um bei ihnen zu bleiben – stark genug sind, den angesprochenen Gefährdungen und Bedrohungen standzuhalten. Wohlgemerkt: Es geht dabei nicht um eine weitere Optimierung der Demokratie, bei der die Realität des demokratischen Prozesses an das Ideal freier und gleicher demokratischer Partizipation angenähert werden soll – diese Debatte, die in den zurückliegenden Jahrzehnten mit an- und abschwellender Intensität geführt wurde, dreht sich aus heutiger Sicht im Wesentlichen um ein *Luxusproblem* –, sondern um die existenzielle Frage einer Selbstbehauptung des liberal-demokratischen Rechtsstaats unter Rahmenbedingungen, die für ihn nicht mehr so günstig sind, wie in den Jahrzehnten, für die Huntington die »dritte Welle der Demokratisierung« beobachtete. Die Demokratie welchen Typs auch immer wird es nämlich mit einem sinkenden gesamtgesellschaftlichen Wohlstandsniveau infolge von Nachwirkungen der Corona-Pandemie beziehungsweise der Ausbreitung neuer Pande-

Die Demokratie
welchen Typs
auch immer
wird es nämlich
mit einem
sinkenden gesamt-
gesellschaftlichen
Wohlstandsniveau (...)
zu tun bekommen.
Wie wird sie damit
zurechtkommen?

mien, dem Krieg in der Ukraine mitsamt einer Entkoppelung der europäischen von den russischen Wirtschafts- und Kapitalkreisläufen, der Blockierung des atlantischen Wirtschaftskreislaufs durch die Zollpolitik Donald Trumps sowie den Maßnahmen zum Stopp der Erderwärmung bei einer sich gleichzeitig verstärkenden Spreizung der Einkommen zu tun bekommen. Wie wird die liberale Demokratie damit zurechtkommen? Ist sie für diese Art der Herausforderung gerüstet oder wenigstens gut aufgestellt?[86] Oder ist sie mit Fragen beschäftigt, wie etwa der Debatte über unterschiedliche kollektive Identitäten, in deren Folge die Bürgerschaft eines Landes fragmentiert und zerklüftet wird?

Man muss beim Blick auf das politische Engagement der Bürgerinnen und Bürger erstere Frage mit »Nein« beantworten. Das beginnt bei der seit zwei bis drei Jahrzehnten in fast allen demokratischen Ländern kontinuierlich schrumpfenden Wahlbeteiligung, die sich in einigen Fällen der 50-Prozent-Marke genähert oder sie sogar unterschritten hat, macht sich bemerkbar in der allgemein sinkenden Zahl von Mitgliedern in den politischen Parteien[87] und endet in einem Verhältnis vieler zur Politik, das man als konsumistisch charakterisieren könnte: Sie betrachten die politischen Parteien und deren Programme mitsamt ihrem Angebot an Spitzenpersonal wie Einkaufende im Supermarkt, die sich für dasselbe Produkt entscheiden wie beim letzten Mal, wenn sie mit ihm zufrieden sind, und zu anderen Angeboten wechseln, wenn sie nicht oder weniger zufrieden sind. Inzwischen ist davon die Rede, die Bürgerdemokratie sei durch eine Konsumentendemokratie abgelöst worden. Der Ökonom Joseph Schumpeter hat Mitte der 1940er Jahre die Demokratie und den Wettbewerb der politischen Parteien auf diese Weise beschrieben,[88] und sein Vergleich hat anschließend als ökonomische respektive realistische Demokratietheorie Aufsehen erregt.[89] Schumpeter hat die politische Entleerung der Parteien zu bloßen Werbemaschinen antizipiert.[90] Wenngleich er selbst diese Entwicklung alles andere als bedrohlich eingeschätzt hat, so hat er damit doch einen Merkposten für die innere Gefährdung der Demokratie aufgestellt, lange bevor diese akut geworden ist.

In der Debatte über Schumpeters Diagnose einer Verwandlung der an politischer Teilhabe interessierten Bürgerinnen und Bürger in solche, die Politik nur noch geschmäcklerisch konsumieren, wurde schon früh darauf hingewiesen, dass die »Konsumbürger« den Laden, den sie bis dahin regelmäßig aufgesucht hatten, auch zukünftig meiden könnten, wenn das gewünschte Angebot darin nicht zu finden sei. Auf die Politik angewandt hieß das, dass sie nicht versuchen würden, die Demokratie zu verbessern oder sich am Aufbau neuer Parteien zu beteiligen, um das Angebot der Programme und Personen im Sinne ihrer Erwartungen zu ergänzen und zu erweitern, sondern sie sich stattdessen der demokratischen Beteiligung enthalten oder sich an nichtdemokratischen Angeboten orientieren würden. Das Dilemma der Demokratie besteht inzwischen darin, dass, wie Michelsen und Walter es formulieren, »die Konsumbürger [...] die Agora« verlassen und gleichzeitig die Demokratie mit immer weiter steigenden Erwartungen konfrontieren, Erwartungen, die inzwischen ein Niveau erreicht haben, das von der Demokratie welchen Typs auch immer unmöglich eingelöst werden kann.[91] Oder in einer anderen demokratietheoretischen Perspektive formuliert: Die Erwartungen an den *Output* des demokratischen Systems sind in kontinuierlichem Wachstum begriffen, während der *Input* der Bürgerinnen und Bürger – ihr Engagement in und für die Demokratie – immer weiter zurückgeht. Enttäuschung und Frustration ist die unmittelbare Folge, und die wiederum führt dazu, dass sich die Schere zwischen *Output*-Erwartung und *Input*-Aktivität noch weiter öffnet. So ist die demokratische Ordnung derzeit durch wachsende politische Polarisierung, desengagierte Politikkonsumenten und steigende Leistungserwartungen bei kontinuierlich verschlechterten Rahmenbedingungen herausgefordert.

Revitalisierung der Demokratie: Konsens oder Polarisierung?

Es ist nicht so, dass die Demokratie auf dieses Bündel von Gefährdungen und Herausforderungen nicht reagieren beziehungsweise sich unter dem Eindruck dessen nicht verändern würde. Es sind allerdings entgegengesetzte Richtungen, in die solche Veränderungen stattfinden oder die von den Reformern vorgeschlagen werden. Eine kohärente Antwort lässt sich darin nicht erkennen. Unter dem Eindruck einer fast unüberschaubaren Komplexität politischer Fragen und auf der Suche nach einer zusätzlichen Legitimation der zu treffenden Entscheidungen setzt »die Politik« – was in diesem Fall heißt: alle größeren Parteien und die von ihnen getragenen Regierungen – in wachsendem Umfang auf Beratung durch Expertenrunden und die Veröffentlichung der Ratschläge von Expertinnen und Experten als Testlauf für die Akzeptanz des angedachten Wegs bei einer Mehrheit der Bevölkerung. Das Vorbild für die Expertengremien war in Deutschland der »Sachverständigenrat zur Beurteilung der wirtschaftlichen Entwicklung«, ein Gremium, das nicht nur die aktuelle Lage beschreiben, sondern auch Vorschläge für wirtschafts- und finanzpolitische Maßnahmen zur Stabilisierung der Konjunktur oder zur Überwindung einer Wirtschaftsflaute machen soll. Über lange Zeit ist es gelungen, die Ratschläge und Empfehlungen der so genannten »Wirtschaftsweisen« als rein wissenschaftliche Expertise darzustellen, bis dann mehr und mehr die politischen Hintergründe der jeweiligen Mitglieder ins Gespräch kamen, die Parteien über die Zusammensetzung des Gremiums stritten und es um die Frage ging, ob die jeweiligen Ratschläge eher marktliberalen oder staatsinterventionistischen Denkschulen zuzurechnen seien. Das hat dem Faible für Expertenrunden als tatsächlich oder nur angeblich politisch neutralen beziehungsweise neutralisierenden Denk- und Beratungsrunden jedoch keinen Abbruch getan. Es geht um Konsensförderung durch wissenschaftliche Expertise, und wo das gelingt, macht es der Politik das Regieren einfacher.[92] Insgesamt setzt die Vermehrung der Expertenrunden und Beratungsgremien auf *Output*-Legitimität, insofern die Einholung von Sachverstand die Ergebnisse politischen Entscheidens und Handelns verbessern und die Zufriedenheit mit der amtierenden Regierung, aber auch der Demokratie insgesamt, erhöhen soll.[93] Die Demokratie, so die Rechtfertigung für die wachsende Einholung wissenschaftlicher Expertise, soll nicht expertokratisch ausgehebelt oder überformt, sondern Sachverstand soll bei komplexen und hinsichtlich ihrer Folgen schwer zu überschauenden Entscheidungen in den Beratungsprozess eingespeist werden. Der Rat der Expertinnen und Experten soll als Konsensförderer wirksam werden.

Im direkten Gegensatz zur Anpassung der demokratischen Beratschlagungs- und Entscheidungsverfahren durch die vermehrte Herstellung von Konsens steht die Idee einer Revitalisierung der Demokratie durch die Verstärkung ihrer agonalen Elemente: Die gegensätzlichen Auffassungen in zentralen Fragen der Politik sollen zugespitzt und gerade nicht wegargumentiert oder konsensuell befriedet werden. Im Zuge dessen soll auch der zuletzt erheblich gewachsene Rückgriff auf politisch neutralisierende Institutionen, wie etwa Verfassungsgerichte, wieder zurückgenommen und die dort »letztinstanzlich« entschiedenen Fragen durch das Volk in einer offen kontroversen Debatte mit abschließender Mehrheitsentscheidung geklärt werden. Es geht darum, wie es in der Sprache der Parteipolitik heißt, »klare Kante« zu zeigen. Die belgische Politikwissenschaftlerin Chantal Mouffe hat dafür den Begriff »Agonistik« geprägt.[94] Sie hat damit die Erwartung verbunden, auf diese Weise könnten die unter der Dominanz von Konsenserwartungen in den politischen Hintergrund getretenen Klassengegensätze, die auch in den Gesellschaften des 21. Jahrhunderts nicht verschwunden seien, wieder ins Spiel gebracht werden und damit sei die Mobilisierung vieler Menschen möglich, die sich enttäuscht aus der Politik zurückgezogen hätten und schon lange nicht mehr zu Wahlen gingen.[95] Je stärker der demokratische Prozess an der Herstellung von Konsens im Modus einer vernünftigen Argumentation orientiert sei – so der Grundgedanke Mouffes und ihrer Verbündeten –, desto stärker laufe Demokratie auf eine Privilegierung der Mittel- und Oberschicht hinaus. Die breiten Massen hingegen würden die Erfahrung machen, dass ihre Interessen und Vorstellungen dabei keine

Rolle spielten: Das Einspielen wissenschaftlicher Expertise mache sie sprachlos, und durch die Organisation des Deliberierens würden sie vereinzelt und damit um die Kraft ihres politischen Auftritts gebracht.[96]

Betrachtet man die beiden einander entgegengesetzten Vorschläge zur Verbesserung und/oder Revitalisierung der Demokratie im Hinblick auf ihre jeweilige politische Positionierung, so läuft das Projekt einer Versachlichung der Debatte durch die verstärkte Einbeziehung von Expertenwissen und den Rückgriff auf politisch neutralisierende Institutionen auf eine Bevorzugung der politischen Mitte hinaus. Die Zukunft der Demokratie wird in Abhängigkeit von der Demokratieaffinität der sozialen Mitte gesehen, die auf Argumentation und Sachlichkeit setzt, und insofern wird an deren Präferenz für Sachverstand und Ausgleich angeschlossen. Dass dabei die sozialen Schichten, die in prekären Arbeitsverhältnissen ohne Aufstiegsperspektive leben, weniger Berücksichtigung finden, steht außer Frage.[97] Dagegen soll eine Strategie der politischen Polarisierung, die sich auch populistischer Vereinfachungen und entsprechender Parolen zu Zwecken der Mobilisierung bedient, die seit

Jahren vom demokratischen Prozess Enttäuschten und die sozialen Schichten, die keine großen Erwartungen an die Politik haben, wieder zur Teilnahme am demokratischen Prozess motivieren.

Beide beschriebenen Strategien können für sich geltend machen, aus dem Zusammenbruch der europäischen Demokratien in den 1920er und 1930er Jahren gelernt zu haben: die Strategie einer Stärkung der Widerstandskraft, insofern sie im Zerfall der politischen Mitte den ausschlaggebenden Faktor für den Untergang der Demokratien in Mitteleuropa sieht; die Strategie einer Revitalisierung durch Polarisierung, insofern sie die Unentschlossenheit und Zerstrittenheit der politischen Linken als Ursache des damaligen Scheiterns der Demokratien begreift.[98]

Nun hilft der Blick in die Vergangenheit in diesem Fall nicht unbedingt dabei weiter, sich zwischen den beiden in entgegengesetzte Richtungen weisenden Strategien zur Stärkung der Demokratie zu entscheiden. Zum einen, weil keineswegs ausgemacht ist, ob die neuerlichen Herausforderungen denen der 1920er und 1930er Jahre gleichen und die gegenwärtigen und kommenden sozio-ökonomischen wie politisch-kulturellen Krisen einen ähnlichen Verlauf nehmen werden wie damals. Und zum anderen, weil die Ursachenanalysen des damaligen Demokratiezerfalls ebenfalls kontrovers sind und beide Seiten durchaus gute Argumente für sich geltend machen können, dass ihre Vorschläge »aus der Geschichte gelernt« hätten. Deswegen sollen nachfolgend einige der größeren Herausforderungen wie Bedrohungen der Demokratie im Hinblick auf ihre Bearbeitbarkeit durch die beiden Strategien betrachtet werden. Zugespitzt sollen im Anschluss an diese Betrachtung folgende Fragen beantwortet werden: Ist die Bearbeitung der neuartigen Herausforderungen und die Lösung der Probleme, die der demokratischen Ordnung zuletzt so große Probleme gemacht haben, eher von einer kompromissorientierten und auf Konsens angelegten Aushandlungsdemokratie zu erwarten? Oder hat eine auf Mobilisierung und Polarisierung ausgerichtete Konkurrenzdemokratie die größeren Erfolgsaussichten im Umgang mit den Gefährdungen und Bedrohungen der Demokratie?

Das Problem von Zugehörigkeit, Rechten und Teilhabechancen

Eine erste Herausforderung besteht darin, dass die von Georg Jellinek angenommene Einheit von

Staatsgebiet, Staatsgewalt und Staatsvolk in ihrer zu Beginn des 20. Jahrhunderts plausiblen Form heutzutage nicht mehr zutrifft. Das ist im Wesentlichen Folge einer rasant angestiegenen regionalen Mobilität, die eng mit der individualisierten sozialen Mobilität verbunden ist – einer Mobilität, die sich in erheblichem Umfang, wenn auch nicht ausschließlich, innerhalb des Gebiets der EU abspielt –, sowie einer in den letzten Jahrzehnten ständig zunehmenden Migration, bei der vor allem Menschen aus Afrika und Asien nach Europa migrieren, teilweise auf der Flucht vor Bürgerkrieg und politischer Verfolgung, also mit der Absicht, bei nächster Gelegenheit wieder in ihr Herkunftsland zurückzukehren, zunehmend aber auch, um Armut und Not, Hunger und Elend in den Herkunftsgebieten zu entgehen und in Europa eine neue Heimat zu finden, jedenfalls einen Arbeitsplatz, häufig mit der festen Absicht, einen Teil ihres Lohns an die Familie im Herkunftsgebiet überweisen zu können.[99]

Im Falle der EU-Bürgerinnen und -Bürger, die in einem anderen Staat leben als dem, dessen Staatsbürgerschaft sie besitzen, hat man durch die Gewährung des Wahlrechts auf der kommunalen Ebene das Problem entschärft: Als Staatsbürgerinnen und -bürger ihres Herkunftslandes haben sie dort weiterhin das Wahlrecht, und in ihrer unmittelbaren Lebensumgebung haben sie bei Kommunalwahlen ebenfalls ein Recht auf politische Teilhabe. Ansonsten sind für sie als EU-Bürger die Hürden einer Einbürgerung im Wohnsitzland nicht sonderlich hoch. Das stellt sich bei den Migranten und Geflüchteten aus Asien und Afrika anders dar; sie haben keinerlei Möglichkeiten zur Partizipation am politischen Geschehen im jeweiligen Aufnahmeland der EU. Ihr Status ist der von Schutzbefohlenen, für die der Rechtsstaat (und zunächst auch der Sozialstaat) Sorge trägt, die aber vom demokratischen Prozess ausgeschlossen bleiben und bloße Zuschauende bei Entscheidungsprozeduren sind, die nicht zuletzt auch sie betreffen. Das ist politisch so gewollt, da zunächst ja unklar ist, wie lange sie bleiben werden, ob sie nach Besserung der Verhältnisse in ihren Herkunftsländern in diese zurückkehren beziehungsweise wegen fehlender Voraussetzungen für die Asylgewährung dorthin abgeschoben werden – oder ob sie dauerhaft bleiben und im Ankunftsland eine neue Heimat finden. Des Weiteren spielt hier aber auch die Angst der alteingesessenen Bevölkerung vor »Überfremdung« eine Rolle, die befürchtet, politisch marginalisiert zu werden, wenn man den Migrantinnen und Migranten die vollen staatsbürgerlichen Rechte zuerkennt. Die Befürchtung, dass diese Teile der Bürgerschaft rechtspopulistischen oder gar rechtsextremistischen Parteien ihre Stimme geben könnten, was sie ja auch vielfach tun, lässt »die Politik« ausgesprochen zurückhaltend bei der Einbürgerung agieren. So vergrößert sich der Abstand zwischen Wohnbevölkerung und Staatsvolk zunehmend.

Der Schutzbefohlenen-Status kann jedoch in demokratietheoretischer Hinsicht nur eine zeitlich begrenzte Lösung sein, und wird spätestens dann problematisch, wenn die Migrantinnen und Migranten im Ankunftsland eine Arbeit aufnehmen und Steuern zahlen, also zur Bereitstellung von Gemeingütern beitragen, auf deren Auswahl und Zugänglichkeit sie aber keinen Einfluss haben. Spätestens dann greift die Parole der amerikanischen Siedler, die am Anfang der neuzeitlichen Demokratiegeschichte steht: »No taxation without representation« – keine Besteuerung ohne politische Teilhaberechte. Des Weiteren gerät eine längere Dauer des Schutzbefohlenen-Status mit dem demokratischen Ideal in Konflikt, wonach alle von politischen Entscheidungen unmittelbar Betroffenen auch an deren Zustandekommen beteiligt sein und auf sie Einfluss haben sollen. Den Vorgaben dieses Ideals folgend ist die Entwicklung der Demokratie im 19. und 20. Jahrhundert durch eine zunehmende Inklusion der zuvor von der politischen Teilhabe qua Wahl Ausgeschlossenen gekennzeichnet: zunächst der unterbürgerlichen Schichten, der männlichen Arbeiterschaft, dann der Frauen und schließlich der *people of colour*. Die dauerhafte Fernhaltung von Migrantinnen und Migranten würde auf eine Umkehrung dieser Entwicklung hinauslaufen und einer »demokratischen Regression« gleichkommen. Für eine Übergangs- oder Zwischenphase bietet sich die Beteiligung von nach Möglichkeit durch Wahl bestimmten Repräsentanten der Zuwanderergemeinden an den sie betreffenden Beratungen und Regelungen an, eine Lösung also, die Interessen und Besorgnisse der Migrantinnen und Migranten durch »Experten der Migrantenlage« in den politischen Prozess einspeist.

Ein weiteres Problem, das aus der Differenz von Staatsvolk und Entscheidungskompetenz erwächst, ist das notorische demokratische Legitimitätsdefizit internationaler Organisationen. Das

Auch wenn die Globalisierung vermutlich
jetzt für einige Zeit stagnieren wird, stellen ihre bisherigen Folgen doch eine
Herausforderung für die Demokratie dar.

gilt ebenso für die Welthandelsorganisation, den Internationalen Währungsfonds und die Weltbank wie für die Europäische Union und ähnliche zwischen Staatenbund und Bundesstaat angesiedelten Großinstitutionen. Nun ist klar, dass es eine völlige Kongruenz zwischen Betroffenheit und politischem Mitspracherecht nie gegeben hat und wohl auch nicht geben kann, wenn man nicht die Idee des »Staatsvolks« aufgeben und dieses durch eine sich permanent verändernde Aggregation von »Bürgerinnen und Bürgern« ersetzen will.[100] Aber selbst dann haben Entscheidungen der US-Zentralbank erhebliche wirtschaftliche Folgen auch für die Europäer (und andere), ohne dass diese darauf irgendeinen Einfluss hätten, und die Zinspolitik der Europäischen Zentralbank betrifft auch die Bürgerinnen und Bürger von europäischen Ländern, die nicht der Eurozone angehören. Doch die Beobachtung solcher Interdependenzen ist kein Grund, die Angelegenheit einfach auf sich beruhen zu lassen und bei der Suche nach Demokratisierungsoptionen zu resignieren, zumal die Entscheidungsverlagerung von nationalen auf internationale Institutionen im Zuge der Globalisierung erheblich zugenommen hat. Auch wenn die Globalisierung vermutlich jetzt für einige Zeit stagnieren wird, stellen ihre bisherigen Folgen doch eine Herausforderung für die Demokratie dar.

Das Hauptproblem der Europäerinnen und Europäer ist bis auf Weiteres eine Demokratisierung der EU, von der Kommission über den Rat bis zum Parlament. Das in fast allen Mitgliedsstaaten der EU zu konstatierende Anwachsen von Europaskepsis bis -ablehnung, die von Rechts- wie Linkspopulisten angefüttert werden, beruht vor allem auf dem Empfinden, dass viele die Lebensführung betreffende Regelungen nicht mehr von den Bürgerinnen und Bürgern des Landes selbst, sondern von anderen, von der Brüsseler Bürokratie zumal, festgelegt werden.[101] Bis auf Weiteres wäre viel gewonnen, wenn sich die europäische Bürokratie aus Detailfragen nationaler wie regionaler Lebensgewohnheiten zurückziehen und sich auf die großen politischen Fragen, insbesondere die einer gemeinsamen Außen- und Sicherheitspolitik, konzentrieren würde. Wenn dabei das immer wieder beschworene, aber selten angewandte Prinzip der Subsidiarität stärker beachtet würde,[102] würde das zwar Einheitlichkeitsverluste im EU-Raum zur Folge haben, aber es könnte erheblichen »Druck aus dem Kessel« nehmen und so dafür sorgen, dass nicht bei jeder nationalen Wahl in einem der großen EU-Mitgliedsländer beim Blick auf die Stimmenanteile rechtspopulistischer Parteien sogleich die Zukunft der EU auf dem Spiel steht, wie es seit einiger Zeit der Fall ist.

Solange sich die Bürgerinnen und Bürger der EU-Mitgliedsstaaten nicht als europäisches Staatsvolk konstituiert haben (was vorerst gänzlich unwahrscheinlich ist), wird sich das Problem einer Demokratisierung der Europäischen Union nicht lösen, sondern nur entdramatisieren lassen. Einer Lösung steht unter anderem entgegen, dass das demokratische Grundprinzip *one man one vote,* also das gleiche politische Gewicht einer jeden abgegebenen Stimme, zwangsläufig zur politischen Marginalisierung der Bürgerinnen und Bürger aus kleinen EU-Staaten, wie etwa Malta oder Luxemburg, führen würde. Die kleinen Staaten werden deswegen einer Neuregelung des Wahlrechts zum Europaparlament nicht zustimmen und auf das Prinzip der degressiven Proportionalität, nach dem die kleinen Staaten relativ mehr Abgeordnete stellen als die großen, nicht verzichten wollen. Entdramatisierung heißt in diesem Fall, dass das Subsidiaritätsprinzip verstärkt angewandt wird und Fragen der regionalen Lebensgestaltung nicht durch die Brüsseler Bürokratie reglementiert, sondern von den dort lebenden Menschen entschieden werden. Stattdessen muss sich Brüssel sehr viel stärker als bisher auf die alle EU-Bürgerinnen und -Bürger tendenziell gleich betreffenden Probleme konzentrieren und dabei deutlich machen, dass diese Herausforderungen nur durch gemeinsames Handeln im Interesse einer europäischen Bürgerschaft angegangen werden können. Das würde, zumal seit dem aggressiven Agieren Putins an der EU-Ostgrenze, zu einem verstärkten Zusammengehörigkeitsempfinden führen.

Zum Problemfeld von Territorium und politischer Teilhabe gehört auch das Verhältnis zwischen demokratischer Letztentscheidung und universellen Menschenrechten – eine Frage, die zuletzt zu einem Gegensatz zwischen »Kommunitaristen« und »Kosmopoliten« zugespitzt worden ist.[103] Ein solcher Gegensatz ist freilich vor allem ein Problem für die auf Mehrheitsentscheidungen zentrierte konkurrenzielle oder agonistische Demokratiekonzeption und weniger eines für die am Aushandlungsprozess orientierte Konsensdemokratie, da Letztere schon immer auf der Vorstellung beruhte, dass die Willkürlichkeit demokratischer Entscheidungen durch eine Reihe von Regelungen eingeschränkt sein müsse, beginnend bei der Unverfügbarkeit von Grundrechten für Mehrheitsentscheidungen über die Regelungen zu qualifizierten Mehrheiten bis zur Festschreibung von Minderheitenrechten. »Kosmopoliten« und »Kommunitäre« sind diesem Demokratieverständnis gemäß schon immer in einem Prozess des Aushandelns miteinander verbunden, der eine Polarisierung der jeweiligen Positionen verhindert – jedenfalls verhindern soll. Polarisierung behindert den Aushandlungsprozess und verbaut den Weg zu einem Kompromiss, dem alle zustimmen können. Dagegen baut die auf Mehrheitsentscheidungen ausgelegte Konkurrenzdemokratie, die eine rechtliche Limitierung der Entscheidung von demokratischen Mehrheiten nur in sehr beschränktem Maß kennt und anerkennt, die Alternative zwischen Mehrheitsentscheidung und Kompromissbildung zu einem regelrechten Gegensatz auf, der in jüngster Zeit vor allem von Populisten gleich welcher Couleur bespielt worden ist. Auf die hier zu evaluierende Frage bezogen, welche Strategie zur Stärkung der Demokratie zwecks Bewältigung der neuen Herausforderungen besser geeignet sei, die der Konsensfindung oder die der Zuspitzung von

Alternativen mit abschließender Mehrheitsentscheidung, weist die mitteorientierte Konsensbildung eindeutige Vorteile auf.

Andererseits ist aber auch unbestreitbar, dass Kompromissbildung, die in einem Aushandlungsprozess diverser Parteien und unterschiedlicher politischer Ebenen erfolgt, den politischen Willen einer Mehrheit der Wähler »verwässert«, indem sie Präferenzen von Minderheiten in den Politikprozess einmischt. Das beginnt auf nationaler Ebene mit der Erfordernis, Koalitionsregierungen zu bilden, und steigert sich noch einmal auf europäischer Ebene, wo der Kompromiss nicht nur zwischen den politischen Parteien, sondern auch zwischen den Mitgliedstaaten der Europäischen Union gefunden werden muss, was zur Folge hat, dass ein Bürger Europas seinen politischen Willen nur als Spurenelement in der Brüsseler Politik wiederfinden kann. Dementsprechend niedrig fällt die Beteiligung bei Wahlen zum Europaparlament aus. Das heißt: Es gibt hier einen Zwang zum Kompromiss und zur Überrepräsentation der Bürger kleiner Länder, der die demokratische Legitimation der EU schwächt, der aber unvermeidlich ist, wenn diese nicht zerfallen und von der politischen Bühne verschwinden soll. Es lässt sich also resümieren: Je kleiner ein politischer Raum und je geringer die Anzahl seiner Bürgerinnen und Bürger ist, desto enger kann die demokratische Verbindung von Bürgerwille und operativer Politik sein; je größer ein politischer Raum ist und je umfänglicher die Anzahl seiner Bürger, desto vielfältiger sind die Vermittlungsschritte zwischen *Principal* (Volk) und *Agent* (politischer Klasse) und entsprechend dünner ist die demokratische Legitimation der politischen Spitze.[103a] Die Konsequenz daraus kann aber nicht sein, dass Demokratien möglichst klein und überschaubar sein sollten, denn als solche würden sie im globalen Zusammenhang keine Rolle spielen und autoritären Regimen tendenziell wehrlos ausgeliefert sein.

Eine zur Spannung zwischen territorialer Bindung und Mobilität analoge Herausforderung für die Demokratie stellt der demografische Wandel dar und, in Verbindung mit ihm, die Frage nach der Teilhabe am gesellschaftlichen Wohlstand und der dazu erforderlichen Finanzierung des Wohlfahrtsstaates.[104] Demokratie, so lässt sich unabhängig vom Typus der demokratischen Ordnung festhalten, befördert die Entwicklung des Wohlfahrtsstaates, aber sie tut dies in recht unterschiedlichem Ausmaß, und gelegentlich wird der Wohlfahrtsstaat in Demokratien auch zurückgeschnitten und verkleinert, wie das in Großbritannien während der Ära Thatcher oder in den USA unter Ronald Reagan der Fall war und erneut unter Donald Trump der Fall ist. Es gibt also entgegen einer weit verbreiteten Vorstellung in Demokratien keine einsinnige Entwicklung zu immer mehr Wohlfahrtsstaatlichkeit, sondern ein Auf und Ab, je nach politischen Mehrheiten und der allgemeinen Wirtschafts- und Finanzlage. Die Demokratie kann demnach flexibel reagieren und ist dem Gesetz einer wachsenden Leistungsüberforderung keineswegs hilflos ausgeliefert. Für die jeweilige Richtung der Entwicklung des Wohlfahrtsstaates ist die Lagebeurteilung durch die soziale und politische Mitte ausschlaggebend, und dementsprechend ist diese Mitte auch das von den Parteien am intensivsten umworbene Segment der Gesellschaft. Ihr Votum ist für die Ausweitung oder Schrumpfung des Wohlfahrtsstaats ausschlaggebend, und da sie auch die Hauptlast der Steuern und Abgaben trägt, aus denen sich der Wohlfahrtsstaat finanziert, hat sie ein Interesse daran, dass er nicht ins Beliebige wächst.[105] Von ihrer Anlage her ist die liberale Demokratie also durchaus zu Korrekturen und deutlichen Veränderungen fähig, die in einem Aushandlungsprozess der diversen Gruppen festgelegt werden.

Andererseits ist mit dem Ausbau des Wohlfahrtsstaates durchweg eine Expansion der Administration und das Erfordernis zur Einholung von Daten zwecks Antizipation zukünftigen Bedarfs verbunden, und beides schränkt bestimmte Rechte ein, die eng mit der Demokratie verbunden sind. Das beginnt bei der Höhe der Besteuerung, die ja durchweg mit einer Beschränkung der persönlichen wirtschaftlichen Entscheidungsfreiheit verbunden ist, da über das qua Steuern und Abgaben abgeführte Einkommen nunmehr der Staat und seine Administration verfügen. Das wird von den Anhängerinnen und Anhängern des »schlanken Staates« immer wieder als Freiheitsbeschränkung durch den demokratischen Staat geltend gemacht, der deswegen »abgespeckt« werden müsse. Dagegen ist seit jeher eingewandt worden, dass das Steuerniveau Ergebnis eines politischen Aushandlungsprozesses sei, der in einer Demokratie nach demokratischen Regeln erfolgt, also letzten Endes vom Ausgang der Wahlen und der anschließenden Koalitionsbildung abhängt.

Ein Problem dabei ist die Verrechtlichung wohlfahrtsstaatlicher Ansprüche, in deren Folge die demokratische Entscheidungsreichweite erheblich eingeschränkt wird. Sie wird nämlich auf administrativ-ökonomische Institutionen übertragen, die dafür sorgen, dass die rechtlich festgeschriebenen Versorgungserwartungen verlässlich bedient werden. Die damit verbundene Expansion des Administrativen in Verbindung mit fortschreitender Verrechtlichung ist im Kontext der Postdemokratie-Debatte immer wieder als Beleg für die Entdemokratisierung der Demokratie angeführt worden. Wer so argumentiert, gründet seine politischen Vorstellungen auf ein ausgesprochen *voluntatives* Demokratieverständnis, in dem nicht Erwartungssicherheit und Verlässlichkeit, sondern das kurzfristige Geltendmachen des jeweiligen Mehrheitswillens die ausschlaggebende Rolle spielt. Die Augenblicklichkeit des Willens hat hier Vorrang gegenüber einer langfristig ausgerichteten Verlässlichkeit. Ohne Zweifel kann man so argumentieren, nur muss man sich dabei darüber im Klaren sein, dass dann jede Art von Wohlfahrtsstaatlichkeit, vom Kindergeld und Mutterschafts- bzw. Vaterschaftsurlaub bis zum Rentenniveau und den Versorgungsbezügen, unter dem Vorbehalt der je vorherrschenden Mehrheiten steht, was eine längerfristig angelegte Lebensplanung unmöglich macht. Das kollidiert mit den strukturellen Erfordernissen der modernen Welt. Andererseits gilt aber auch: Als »verbriefte Rechtsansprüche« schränken wohlfahrtsstaatliche Regelungen die Entscheidungsmöglichkeiten der Bürgerinnen und Bürger erheblich ein. Wir haben es hier also mit entgegengesetzten Imperativen zu tun, bei denen Kompromisse der inneren Stabilität sicherlich dienlicher sind als immer wieder wechselnde Mehrheitsentscheidungen für den einen oder anderen Grundsatz.

Gesellschaftsvertrag als demokratische Selbstbindung

Auf die hier diskutierte Frage, ob nun die agonistische oder die konsensuelle Variante bei der Weiterentwicklung der Demokratie den Vorrang haben solle, läuft das agonistische Modell darauf hinaus, nach Möglichkeit keine Entscheidungen mit längerfristiger Bindewirkung zu treffen, da dies die politischen Konfliktfelder versiegelt und die Entscheidungsspielräume in der demokratischen Arena verkleinert. Das konsensuelle Modell läuft hingegen darauf hinaus, dass grundlegende Entscheidungen mit langfristiger Bindewirkung getroffen werden, innerhalb deren es dann nur noch verengte Entscheidungskorridore für den demokratischen Prozess gibt. Im Allgemeinen werden solche grundlegenden Entscheidungen mit langfristiger Bindewirkung auch als »Gesellschaftsverträge« bezeichnet. Auch die können in einer Demokratie revidiert oder aufgekündigt werden, aber das ist mit langwierigen Aushandlungsprozessen zwischen den diversen gesellschaftlichen Schichten (beziehungsweise deren politischen Repräsentanten) und den Alterskohorten einer Gesellschaft verbunden. Auf keinen Fall ist eine solche Veränderung das Ergebnis einer einmaligen Mehrheitsabstimmung. Auch in diesem Fall weist das Konsensmodell klare Vorteile gegenüber dem agonistischen Modell der Demokratie auf, insofern es das Verlässliche und Erwartbare gegenüber dem Willkürlichen stärkt, ohne Letzteres jedoch derart einzuhegen, dass es keine Rolle mehr spielt und nur noch eine Verzierung an der Herrschaft einer Bürokratie und der ihr verbundenen Verwaltungsjuristen ist. Wir haben es hier mit einer Dauerbedrohung des demokratischen Rechtsstaats zu tun, die permanent im Auge behalten werden muss: die Gefahr seiner bürokratisch-juristischen »Verholzung«, die mindestens so bedrohlich ist, wie das zu Beginn des 20. Jahrhunderts von Robert Michels am Beispiel der politischen Parteien beschriebene »eherne Gesetz der Oligarchie«, demzufolge der Parteiapparat sich zuletzt immer durchsetzt und die demokratischen Initiativen erstickt.[106] In diesem Fall ist es nicht die Oligarchie des Parteiapparats, sondern die Technokratie des Sachzwangs, von der die demokratischen Arenen eingegrenzt werden.

Man kann *das Ideal* des demokratischen Rechtsstaats beschreiben als die Einbettung des Voluntativen ins Verbindliche, in die Selbstbindung der Bürgerinnen und Bürger, die von diesen nur innerhalb langer Zeitsequenzen revidiert, aber nie grundsätzlich aufgehoben werden kann. Die agonistische Seite einer Demokratie bleibt eingehegt durch einen in aufwendigen Aushandlungsprozessen zustande gekommenen Konsens, der als »Gesellschaftsvertrag« bezeichnet wird und der sich nur in auf Jahre, wenn nicht Jahrzehnte angelegten Reformprozessen verändern lässt. Das ist zugleich die demokratische Antwort auf eine die Gesellschaften als Ganze in Angst und Schrecken versetzende, für Moderne und Postmoderne typische Fluidität der Konstellationen, die eine zentrale Motivationsquelle für die Fluchtneigung vieler Bürgerinnen und Bürger in autoritäre Regime ist.[107] Die Demokratie antwortet auf die Fluchtneigung ins scheinbar Verlässliche autoritär-technokratischer oder autoritär-autokratischer Systeme (für Ersteres ist China, für Letzteres Russland ein Beispiel), indem auch sie Ordnungen des Verlässlichen aufbaut, die aber nicht auf autoritären Anordnungen, sondern auf einem längerfristig verbindlichen Übereinkommen der Bürgerschaft beruht, mit dem sie das Willkürelement demokratischer Entscheidungen begrenzt.

Gegen die Leistungsfähigkeit und flexible Anpassungsfähigkeit dieses »Einbettungsmodells« von kurzfristig-konkurrentieller Agonistik in die langfristigen Selbstbindungen demokratisch ausgehandelter »Gesellschaftsverträge« hat der Wirtschaftswissenschaftler Birger Priddat die Risiken eines strategischen Wahlopportunismus großer Gesellschaftsgruppen geltend gemacht, die dazu führen können, dass Demokratien gegenüber Autokratien langfristig ins Hintertreffen geraten.[108] Ausgangspunkt der Priddat'schen Befürchtung ist, dass eine Mehrheit der Älteren, also der infolge demografischer Veränderungen in der Mehrheit befindliche Anteil der Bevölkerung, aus opportunistischen Gründen für einen Wahlsieg jener Parteien sorgt, die in die Wohlfahrt der Alten und nicht in die Zukunft der Jungen investieren, wodurch das Rentenniveau zu Lasten der Bildungsinvestitionen erhöht wird, was auf mittlere und längere Sicht die Leistungsfähigkeit einer Gesellschaft erheblich beeinträchtigen dürfte. Da autoritär-technokratische Regime im Unterschied zu der Parteiendemokratie durch einen solchen Wahlopportunismus nicht zu beeinflussen seien, hätten sie einen strategischen Vorteil gegenüber den für kurzfristige Präferenzen hochsensiblen Demokratien, was mit der Zeit zu deren Niederlage in der Systemkonkurrenz mit den Autokratien führen werde. Die Verwundbarkeit der Demokratie bestehe danach darin, dass sie qua Wahlopportunismus allzu gegenwartsfixiert sei und über keine institutionellen Mechanismen zur Berücksichtigung langfristiger Erfordernisse verfüge. Das ist das argumentative Gegenstück zu der oben besprochenen institutionellen Entschleunigung demokratischer Entscheidungsprozesse, die gegenüber der Durchsetzungsgeschwindigkeit autoritärer Regime immer im Nachteil seien.[109] Man könnte dagegen einwenden, dass sich dann

Wahlopportunismus und Verfahrensentschleunigung wechselseitig ausgleichen würden, sodass keines von beidem die Oberhand bekomme, womit das System der *checks and balances* als Argument ins Spiel gebracht würde. Aber wahrscheinlich macht man es sich damit zu einfach, denn die Entschleunigung von Opportunismus ist kein Garant von Zukunftsbedachtheit.

Was bei Priddat der Wahlopportunismus der Alten als Bedrohung der Demokratie ist, ist bei dem Politikwissenschaftler Wilhelm Hofmann der *iconic turn,* die wachsende Bedeutung von Bildern in der allgemeinen Kommunikation und politischen Verständigung.[110] Im Einbruch der Bilder in die politische Kommunikation sieht auch Hofmann eine Fixierung des demokratischen Prozesses aufs Gegenwärtige, wenn nicht Augenblickliche und das Risiko einer bestandsbedrohenden ›Zukunftsvergessenheit‹ – weniger bei den politischen Eliten als bei den marktförmig ausgerichteten Politikkonsumenten, die qua Wahl und anderer Formen von Responsibilität auf die politischen Eliten Einfluss nehmen. So ist mit der Entstehung einer visuellen Kultur, die durch das Potenzial der Bilder die Aufmerksamkeitssteuerung stärker prägt, als dies

Texte je vermochten,[111] die Gefahr eines Rückfalls in die ›Stimmungsdemokratie‹ verbunden, also in eine Form demokratischen Entscheidens, die der attischen Demokratie zum Verhängnis geworden (oder ihr als Ursache des Verhängnisses nachgesagt worden) ist. In der visuellen Demokratie besteht nicht nur ein hohes Risiko der Unterkomplexität politischer Problemwahrnehmung, insofern Wissensvermittlung und Aufmerksamkeitssteuerung über Bilder immer auf Komplexitätsreduktion hinauslaufen,[112] sondern aufgrund einer »Politik für die Kamera« auch die politisch gewollte Schaffung eines Spiegels, dessen Verhängnis darin besteht, dass er keinen »Durchblick« mehr ermöglicht, sondern den Blick in dem festhält, was als künstliche Realität medial hergestellt worden ist.[113]

Auch hier ist zu überlegen, ob und inwieweit das Konzept des »Gesellschaftsvertrags« als eine auf längere Sicht angelegte demokratische Selbstbindung geeignet ist, Demokratien vor der Nervosität von Augenblicksstimmungen zu schützen. Dabei ist gleichzeitig aber auch zu bedenken, dass gerade Demokratien auf Komplexitätsreduktionen angewiesen sind, um Entscheidungen der Bürgerschaft verständlich zu machen.

Die ökologische Herausforderung

Die Frage einer angeblichen oder tatsächlichen Gegenwartsfixiertheit und der korrespondierenden Zukunftsblindheit der Demokratie hat sich zuletzt vor allem unter dem Eindruck der ökologischen Herausforderung gestellt: Ist das demokratische Verfahren in der Lage, existenzielle Risiken der gesamten Menschheit bei Entscheidungsprozessen hinreichend relevant zu machen, auch wenn sich die Menschen bei Wahlen vor allem für ihre alltäglichen Probleme interessieren und dabei obendrein über die Politik in begrenzten Räumen und nicht über globale Herausforderungen entscheiden? In Variation zu Günther Anders' Formel von der »Apokalypseblindheit des Menschen«[114] kann man von einer spezifischen »Katastropheninsensibilität der Demokratie« sprechen, die darin ihren Ausdruck findet, dass eine Mehrheit der Bürger bei Wahlen aus Unkenntnis, Bequemlichkeit oder auch nur Anhänglichkeit gegenüber dem Gewohnten ignorant ist gegenüber bedrohlichen Entwicklungen, die abzuwenden entschlossene Entscheidungen erfordert.[115] Vor mehreren Jahrzehnten bereits hat Rudolf Bahro, ein in die Bundesrepublik übergesiedelter DDR-Dissident, mit Blick auf die Gegenwartsfixierung der Demokratie den Vorschlag zur

Errichtung einer »Öko-Diktatur« gemacht, was ihm die Bezeichnung eines »Öko-Stalinisten« eingetragen hat. Nur von oben, so Bahros Vorstellung, würden sich die Maßnahmen durchsetzen lassen, die erforderlich seien, um die Menschheit zu retten.[116]

Nun haben sich die real existierenden Diktaturen seitdem jedoch alles andere als durch eine im Vergleich zu den Demokratien höhere ökologische Sensibilität und daraus folgende politische Entschlossenheit ausgezeichnet – von Jair Bolsonaro bis zu Wladimir Putin oder den Ölmonarchen am Golf. Im Gegenteil: Antreiber beim Klimaschutz waren, wie unzureichend auch immer, die westlichen Demokratien. Was Bahro sich vorgestellt hat, war indes auch weniger eine Diktatur im klassischen Sinn, sondern vielmehr die Herrschaft sachkundiger Expertinnen und Experten, die mit quasi-diktatorischen Befugnissen ausgestattet sein sollten. Dabei ist er unweigerlich in demselben Dilemma stecken geblieben, in das bereits der antike Philosoph Plato geraten ist, als er versuchte, seine Vorstellung von der Philosophenherrschaft am Hof eines sizilianischen Tyrannen zu verwirklichen: Am Ende hatte der Tyrann seine eigenen Interessen im Auge und nicht das Wohlergehen der unter seiner Herrschaft lebenden Menschen, an das ihn der zunehmend lästig werdende Philosoph erinnerte, und der wiederum war viel zu unerfahren im Kampf um politische Macht, um sich an die Stelle des Tyrannen zu setzen und eine Epistokratie – eine Herrschaft der wohlwollenden Weisen – zu begründen. In Anbetracht der Öko-Ignoranz von Diktaturen und der machtpolitischen Inkompetenz wohlwollender Philosophen oder auch sachkundiger Expertinnen bleibt als Lösung nur die in der Demokratie erfolgende Sensibilisierung der Bürgerinnen und Bürger für die ökologische Herausforderung. Sie hat zumindest bislang zu größeren Erfolgen geführt, als dies bei alternativen politischen Regimen zu beobachten ist.

So hat sich auch bei der ökologischen Herausforderung die Demokratie als die sensibelste Form der politischen Ordnung erwiesen, und selbst wenn in den letzten Jahren das autoritär-technologische Regime Chinas einige bemerkenswerte Schritte bei der Begrenzung von Umweltzerstörung durch Industrialisierung und einen sie begleitenden Massenkonsum gemacht hat, so handelt es sich dabei vorwiegend um eine Reaktion auf Klagen aus der Bevölkerung sowie die anschwellenden Kosten der

Umweltzerstörung, also um ein Verhaltensmodell, das im Sinne demokratischer Responsivität und ökonomischer Anreize funktioniert. Eine spezifische Überlegenheit autoritär-technokratischer Herrschaft ist hier nicht zu erkennen. Nimmt man die ökologische Frage als eine *existenzielle* Frage der Menschheit, so ist sie vorerst nur durch eine nachhaltige Optimierung des demokratischen Prozesses zu beantworten. Als Schlüssel zu dieser Optimierung sind weniger Veränderungen in den institutionellen Arrangements der Demokratie anzusehen als vielmehr Bemühungen um die Sachkompetenz und das Verantwortungsbewusstsein der Bürgerinnen und Bürger. Beides soll dafür sorgen, dass neben der zweifellos dominierenden Gegenwartsfixierung der Wählerinnen und Wähler die Zukunft und ihre Gefahren stärker in deren politische Aufmerksamkeit und Präferenzbildung geraten. Das ist nicht durch apokalyptische Horrorszenarien zu erreichen, die stets auch den kontraintentionalen Effekt haben können, dass es, wenn schon der Untergang absehbar und das Ende unvermeidlich ist, darauf ankomme, die verbleibende Zeit exzessiv auszukosten und auf die Folgen dessen keinen Gedanken zu verschwenden. Eine nachhaltige Umkehr beim Klimawandel und Artensterben wird es nur geben, wenn die Bürgerinnen und Bürger das als eine Herausforderung für sich annehmen und demgemäß initiativ werden. Das wird, um die Evaluationsfrage dieses Kapitels noch einmal aufzugreifen, in einer auf Konsens ausgerichteten Verhandlungsdemokratie sehr viel schneller und leichter möglich sein als im agonistischen Modell der Konkurrenzdemokratie mit Mehrheitsentscheidung. Es steht somit fest: Das klassische Modell einer Demokratie mit Mehrheitsentscheidung über konkurrierende Handlungsvorschläge mit agonistisch geführter Debatte ist den Herausforderungen der Gegenwart und Zukunft in sehr viel geringerem gewachsen als das Konsensmodell der Demokratie, das auf Aushandlungsprozessen und Kompromissen beruht. Das schließt indes agonal geführte Debatten über den »richtigen Weg« nicht aus.

4

Was die Demokratie braucht: Kompetente und engagierte Bürgerinnen und Bürger

Sinkende Wahlbeteiligung, schrumpfende Volksparteien und eine wachsende Politikverdrossenheit in der Bevölkerung bis hin zur offenen Ablehnung des demokratischen Rechtsstaats haben in den letzten Jahren zu einer nervösen Debatte über den Reformbedarf der Demokratie geführt: Wie kann man die Bürgerinnen und Bürger wieder stärker an der Politik interessieren? Wie kann man sie vermehrt an die Wahlurne bringen? Wie lässt sich das politische Engagement steigern? Wie lassen sich Menschen, die Politik in mürrischer Indifferenz konsumieren, in aktive Bürgerinnen und Bürger verwandeln, die teilnehmen wollen an der Gestaltung der Verhältnisse, in denen sie leben? All diese Fragen haben die Demokratie seit ihrer Erneuerung beziehungsweise Wiedergründung nach dem Zweiten Weltkrieg stetig begleitet. Aber während dies in der Hochzeit der Demokratie von den 1960er Jahren bis zu den Anfängen des 21. Jahrhunderts eher Luxusfragen waren, in denen es um die weitere Optimierung einer gut funktionierenden Ordnung ging, sind sie in jüngster Zeit zu *existenziellen* Fragen geworden, die aus einer mehr als berechtigten Sorge um den Fortbestand der Demokratie herausgestellt werden. Sie haben eine grundsätzlich andere Dringlichkeit als früher, weswegen es auch zu kurz gesprungen wäre, wenn man darauf verweisen würde, das alles seien doch keine neuen Fragen und keine neuen Probleme, sondern nur der Ausdruck eines Erregungsniveaus, das in der demokratischen Ordnung eben notorisch höher sei als in anderen politischen Systemen.

Medienkompetenz in Zeiten verdichteter Kommunikation

Nun lässt sich nicht ausschließen, dass dieses Erregungsniveau an- und abschwillt und dass dieses An- und Abschwellen nicht zwingend auf die Dringlichkeit der tatsächlichen Herausforderungen verweist. Es könnte ja auch sein, dass die Konstellationen des Medialen, in jüngster Zeit also das Internet und die mit ihm erfolgte Kommunikationsverdichtung, zu einer gesteigerten Nervosität und Besorgtheit geführt haben, die nur randständig mit einer veränderten Sachlage zu tun haben. Bekanntlich hat die durch den Buchdruck ausgelöste Kommunikationsrevolution des 16. Jahrhunderts ebenfalls in eine Epoche gesteigerter Nervosität, intensivierter Konflikte und wachsender Zukunftsangst hineingeführt, ohne dass sich im Nachhinein eindeutig sagen lässt, was die

Ursache dessen gewesen ist: die realen Veränderungen in der Struktur und Erwartungshaltung einer im Umbruch befindlichen Gesellschaft oder aber die rasant gewachsene kommunikative Bespiegelung und Verarbeitung dieser Veränderungen. Kommunikationsverdichtung hat in der Regel zur Folge, dass manches, was man sonst auf die leichte Schulter nehmen und nicht weiter beachten würde, mit einem Mal als ein Problem erscheint, das so schnell wie möglich gelöst werden muss, um eine Katastrophe zu vermeiden. Die Kommunikationsverdichtung führt dazu, dass viele eigentlich nur diffus erkennbare Probleme herangezoomt und den Menschen unmittelbar vor Augen gestellt werden – mit der Folge einer permanenten politischen Hypernervosität. Nicht nur das Internet, sondern auch die allabendlichen Talkshows sind Instrumente dieses Heranzoomens, wodurch die fraglichen Probleme als besonders bedrängend, ja mithin dramatisch erscheinen. Gleichzeitig sorgt die Auswahl der Gesprächsteilnehmer dieser Talkshows dafür, dass die möglichen Lösungen kontrovers diskutiert werden, sodass am Schluss »alle Fragen offen« bleiben. Wo das Abendgebet einst beruhigend wirkte und die Sorgen vertreiben sollte, haben die politischen Talkshows den gegenteiligen

Effekt – und den sollen sie aus Gründen der für den ausstrahlenden Sender wichtigen Einschaltquote qua Aufmerksamkeitsfokussierung auch haben. Man muss sich Sorgen machen, so die Grundbotschaft der Talkshows. Nur die Uninformierten und Ahnungslosen machen sich keine Sorgen.

Es könnte indes auch das Gegenteil der Fall sein: Die Probleme und Herausforderungen sind so groß und so kompliziert geworden, dass man permanent über sie reden muss, um zu verhindern, dass sie aus Bequemlichkeit oder Nachlässigkeit verdrängt werden und der notorischen Neigung moderner Gesellschaften zur Vergleichgültigung zum Opfer fallen. Nur so kann sichergestellt werden, dass man nicht auf den erstbesten Lösungsvorschlag hereinfällt, sondern gründlich darüber nachdenkt, wie die Herausforderungen am besten anzugehen sind. Die Talkshows sorgen dann ebenso wie problemorientierte Radiosendungen mit Hörerbeteiligung und natürlich das permanente Gespräch in den diversen Foren des Internets dafür, dass ein möglichst breit und kontrovers angelegter Reflexionsprozess in Gang kommt. Die medialen Statthalter der politischen und gesellschaftlichen Nervosität sind – folgt man dieser Sichtweise – Vorfeldeinrichtungen des politischen Beratschlagens und damit ein wichtiger Bestandteil des demokratischen Prozesses. Sie evaluieren die Probleme hinsichtlich ihrer Relevanz und sensibilisieren für Fragen, die zum Gegenstand parlamentarischer Beratungen und exekutiven Handelns werden können. Sie sind Hybride aus direkter und repräsentativer Demokratie, nicht im Hinblick auf die Entscheidung selbst, sondern auf den Prozess des politischen Beratschlagens. So jedenfalls dürften es die Organisatorinnen und Moderatoren der Talkshows sehen.

Vermutlich trifft weder das eine noch das andere *ausschließlich* zu, sondern beides spielt, wenn auch von Fall zu Fall in verschiedenem Ausmaß, gemeinsam eine Rolle. Es gibt bei der Beschäftigung mit den Veränderungen der politischen Kommunikation weder Grund zu Hosiannarufen noch zu Verdammungsurteilen, zumal sich an der Kommunikationsrevolution, wie sie stattgefunden hat, ohnehin nichts mehr ändern lässt. Worauf es stattdessen ankommt, ist, die Kompetenz der Bürgerinnen und Bürger im Umgang mit einer verdichteten Kommunikation zu erhöhen und sie zu befähigen, allenthalben zirkulierende Verschwörungstheorien zu identifizieren, alarmistische Dramatisierungen skeptisch zu betrachten, aber auch gefährliche Entwicklungen ernst zu nehmen und sich Herausforderungen zu stellen. Das wird umso eher der Fall sein, je stärker sich die Informationskonsumenten[117] an einer kuratierten Presse und sorgfältig arbeitenden Informationsportalen orientieren und sich nicht auf kostenlose Nachrichtendienste verlassen, denen es durch aufgeregte Informationsverbreitung vorwiegend darum geht, die Zuschauenden beim jeweiligen Sender zu halten oder Informationen über die Kunden zu bekommen, die sich dann für Werbezwecke nutzen lassen. Die Kompetenzanforderung richtet sich also an beide Seiten, die Produzenten wie die Konsumenten der Informationen, an Erstere als Aufforderung zur Sorgfalt, an Letztere als Ermahnung, sich weniger als bloße Konsumenten denn als aufmerksame Bürgerinnen und Bürger zu begreifen.

Das klingt nach einem moralischen Appell, ist aber weit mehr als das, nämlich ein Projekt zur Selbstertüchtigung der Demokratie, das in operative Schritte umgesetzt werden muss. Da die liberale Demokratie sich eine strikte Selbstbeschränkung bei Eingriffen in die Medien und in die Verbreitung von Informationen und Meinungen auferlegt hat, weil alles andere ein Eingriff in die politische Informations- und Meinungsfreiheit wäre, kommt es darauf an, die Bürger in die Lage zu versetzen, systematische Falschinformationen, Desinformationskampagnen und im Internet vagabundierende Fake News identifizieren zu können, damit sie denen nicht zum Opfer fallen.[118] In der liberalen Demokratie tritt die Medienkompetenz der Bürgerinnen und Bürger an die Stelle der in autoritären Regimen herrschenden Kontrolle und Zensur der Nachrichtenverbreitung. Die liberale Demokratie gründet sich auf die Vorstellung, dass die Menschen weitgehend selbst entscheiden können (und müssen), was Wahrheit und was Lüge ist.

Das ist keine Nebensächlichkeit, denn an der Medienkompetenz der Bürgerinnen und Bürger, an ihrer Fähigkeit, Wahrheit und Lüge in nichtkuratierten Medien, zumal im Internet, zu unterscheiden, hängt die Zukunft der Demokratie. Die liberale Demokratie gründet sich nun einmal auf eine an die Bürgerinnen und Bürger adressierte Kompetenzbeschreibung, von der sie nicht weiß, ob sie zutreffend oder unzutreffend ist. Also muss sie dafür sorgen, dass diese Kompetenzzuschreibung nicht

Die demokratischen Verfassungsstaaten in Europa haben dafür zu sorgen, dass es eine verlässliche Nachrichtenversorgung der Bevölkerung gibt.

durch die Bank weg kontrafaktisch ist. Das Risiko dieser systemischen Kompetenzzuschreibung zeigt sich in den USA, wo erhebliche Teile der Bevölkerung nicht mehr unterscheiden können, was Wirklichkeit und Fiktion, was Wahrheit und Lüge ist, sodass erst die Sperrung des Twitter-Kontos eines abgewählten Präsidenten dazu geführt hat, dass seine Anhängerschaft zu dem Ergebnis kam, Trump sei offenbar doch nicht mehr Präsident der USA. Europäischer Hochmut und Herabschauen auf die naiven und ungebildeten US-Amerikaner des Mittleren Westens ist dennoch fehl am Platz; vielmehr ist in diesem Falle in Rechnung zu stellen, dass die USA das Land mit der zeitlich längsten und intensivsten Nutzung des Internets sind und seriöse Nachrichtenkanäle und eine kuratierte Presse in der Massenkommunikation nur noch eine randständige Rolle spielen. Die demokratischen Verfassungsstaaten in Europa haben dafür zu sorgen, dass es eine verlässliche Nachrichtenversorgung der Bevölkerung gibt, dass die öffentlichen Sendeanstalten nicht in ein Instrument des Staates oder der ihn beherrschenden Parteien verwandelt werden und dass im Bereich der privaten Sender keine Monopole entstehen – ebenso wenig wie das bei den Printmedien der Fall sein darf.

Der Sorge um die Anbieter der Information und die Organisation der Kommunikation steht die um die Nachfragenden und Nutzenden von Information und Kommunikation, also die Bürgerinnen und Bürger, zur Seite. Medien- und Kommunikationskompetenz zu schaffen beziehungsweise zu vergrößern ist keine Angelegenheit, die auf die Schulzeit begrenzt werden kann, sondern die kontinuierlich erneuert und nachgeschärft werden muss, und dafür sind Angebote im Berufsleben wie im Freizeitbereich vonnöten, und das nicht etwa in der Weise, dass ein Angebot gemacht wird, und dann interessiert sich niemand mehr dafür, ob es angenommen wird oder nicht und nach einiger Zeit wegen mangelnder Nachfrage auch wieder gestrichen wird. Vielmehr ist die Erwartung, dass jede Bürgerin/jeder Bürger in ihrem/seinem nachschulischen Leben mindestens einmal an einem Kurs zur Medienkompetenz teilnimmt, um dadurch analog zur auf körperliche Infizierbarkeit bezogenen Impfung gegen systematische Falschinformationen »immunisiert« zu werden. Das ist auch aus sicherheitspolitischen Gründen angezeigt, seitdem Falschinformationskampagnen zu einem festen Bestandteil hybrider Kriegsführung geworden sind.

Die Bereitschaft zu politischem Engagement

Ein weiteres Essential für eine verlässliche Zukunft der Demokratie ist die Bereitschaft eines erheblichen Teils der Bürgerschaft zu politischem Engagement – und zwar ausdrücklich zu *politischem* und nicht nur *gesellschaftlichem* Engagement. Das gesellschaftliche Engagement ist im Verlauf der letzten Jahre eher gleich groß geblieben oder hat sich in manchen Bereichen sogar erhöht, während das genuin politische Engagement deutlich zurückgegangen ist.[119] Letzteres lässt sich auch – nicht nur, aber im Sinn einer besonderen Herausforderung – an der kontinuierlich schrumpfenden Mitgliederzahl der politischen Parteien beobachten, insbesondere am Schrumpfen der einstmals großen und stolzen Volksparteien.[120] Nun kann man gegen die Herausstellung dieser Entwicklung als Warnsignal oder gar Bedrohung der Demokratie einwenden, die Entstehung von Mitgliederparteien stelle eine Sonderentwicklung in einigen europäischen Ländern dar, und der demokratische Rechtsstaat sei keineswegs auf die Existenz von Mitgliederparteien angewiesen. Sehr wohl angewiesen sei er hingegen auf die Existenz von Parteien überhaupt, die als Katalysatoren der politischen Meinungsbildung dienten. Diese Aufgabe könnten aber auch Parteien ohne umfangreiche Mitgliedschaft bewältigen.

Das ist wohl richtig: Man kann sich politische Parteien sehr wohl als bloße Sammelstellen für Geldzuwendungen vorstellen, aus denen dann vor allem Wahlkampagnen, aber auch eine kontinuierliche Öffentlichkeitspräsenz der Partei finanziert wird, in der es im Wesentlichen darum geht, deren Grundbotschaften im Gespräch zu halten sowie die Gesichter ihrer Spitzenpolitiker bekannt zu machen und als Markenzeichen durchzusetzen. Tatsächlich befinden sich die meisten westlichen Demokratien seit einiger Zeit auf einem Weg in diese Richtung. Das politische Engagement der Bürgerinnen und Bürger schrumpft dabei – wenn es den Betreffenden nicht als Vorbereitung für eine Karriere als Berufspolitiker dienen soll – auf die Pflege von Parteipräferenzen im Modus der Politikbeobachtung und eine kontinuierliche, jedenfalls nicht bloß sporadische Beteiligung an Wahlen zusammen. Damit ist die schrittweise Verwandlung der Bürger-Demokratie in eine Konsumenten-Demokratie zu konstatieren, wie sie von der ökonomischen beziehungsweise realistischen Demokratietheorie vor Jahrzehnten bereits vorhergesagt worden ist.[121]

Aber ist ein solcher Typus von Demokratie, der durch die Entlastung der Bürgerinnen und Bürger von tendenziell jeglichem politischen Engagement gekennzeichnet ist, hinreichend widerstandskräftig, um auf neue Herausforderungen reagieren zu können und den wachsenden Bedrohungen gewachsen zu sein? Oder handelt es sich bei der skizzierten Entwicklung um ein Indiz dafür, dass die westliche Demokratie in das von David Runciman beschriebene Stadium des langsamen Dahindämmerns eingetreten ist,[122] aus dem es kein Herauskommen mehr gibt? Im Hinblick auf die Entwicklungsprognosen am Anfang des Essays gefragt: Beobachten wir hier eine »Modernisierung« des demokratischen Regierens, in der sich dieses den veränderten Lebensformen, neuen wirtschaftlichen Erfordernissen und dem Wandel der gesellschaftlichen Gepflogenheiten anpasst – oder befinden wir uns in einer Etappe des demokratischen Niedergangs, in der sich entscheidet, ob die Demokratie noch eine Zukunft hat oder durch eine technokratische Elite abgelöst wird, in deren Folge sie sich in eine De-facto-Oligarchie verwandelt? Das Schrumpfen des politischen Engagements der Bürgerinnen und Bürger auf das Niveau von Politikkonsumenten ist jedenfalls kein Anlass zu gelassener Sorglosigkeit. Eher ist es ein Indikator für das, was La Boétie als *servitude volontaire*, als freiwillige Knechtschaft bezeichnet hat.[123]

Nun dürfte es für den Rückgang des genuin politischen Engagements, die schrumpfende Parteimitgliedschaft, die ausgedünnte Teilnahme an Mitgliederversammlungen, kurzum: die Ablösung der einstigen »Hand- und Spanndienste« für eine politische Partei durch gelegentliche finanzielle Zuwendungen – sie nehmen zu, wenn Sympathisanten einer Partei bestimmte Punkte in deren Programm finden, die ihnen besonders wichtig sind, weil sie sich von deren Umsetzung materielle Vorteile versprechen – keine monokausale Erklärung geben. Vielmehr wirken hier recht unterschiedliche Faktoren zusammen: Als Erstes ist die größere individuelle Selektivität der potenziell Engagierten bei der Formung ihrer politischen Präferenzen zu nennen, etwa wenn sich bei ihnen ein lebensweltlicher Konservatismus mit einem ausgeprägt ökologischen Bewusstsein verbindet oder ein starkes soziales Solidaritätsempfinden mit einer tendenziell xenophoben Grundeinstellung. In beiden Fällen lässt sich schwerlich eine im demokratischen Prozess relevante Partei finden, die beides miteinander verbindet. Solange politische Parteien eng mit sozialmoralischen Milieus verbunden waren,[124] spielten solche Dissonanzen keine große Rolle, weil das Milieu, sei es nun eines der Arbeiterschaft oder der Bauern, des Katholizismus oder des Kulturprotestantismus, seinerseits als »Vereinheitlicher« von Grundeinstellungen wirkte, an welche die Parteien dann anschließen konnten. Seit dem Abschmelzen dieser sozialmoralischen Milieus ist eine *individuelle* Präferenzbildung wirksam geworden, die dazu geführt hat, dass man sich in der einen Hinsicht einer bestimmten Partei verbunden fühlt, in anderer Hinsicht jedoch einer ganz anderen, mit der Folge, dass selbst diejenigen, die für eine Parteimitgliedschaft grundsätzlich offen sind, sich mit der Entscheidung für eine bestimmte Partei schwertun. Deutlich einfacher ist da die Festlegung bei Wahlen, wo man die Präferenz im Hinblick auf die je im Vordergrund stehenden Themen, die zur Wahl stehenden Kandidatinnen und Kandidaten sowie die absehbaren Mehrheitsverhältnisse von Fall zu Fall trifft und bei der nächsten Gelegenheit auch wieder ändern kann. Obendrein gibt es bei Wahlen auch noch die Möglichkeit einer »geteilten« Stimmabgabe.

Dementsprechend ist die Zahl der Wechselwählerinnen und -wähler im Verlauf der letzten Jahrzehnte ständig gestiegen. Das wiederum hatte zur Folge, dass deren Adressierung für die Parteien eine deutlich größere Bedeutung bekommen hat als das vormalige parteipolitische Anschmiegen an die Stammwählerinnen und Stammwähler. Tendenziell kann man sagen, dass die Parteiprogrammatik sehr viel fluider geworden ist, sodass potenzielle Stammwähler immer seltener in einer bestimmten Partei eine »politische Heimat« finden können. Im Hinblick auf die je eigenen Werte und Interessen ist es erheblich attraktiver, ein Wechsel- als ein Stammwähler zu sein, und erst recht unattraktiv ist eine auf längere Zeit angelegte Parteimitgliedschaft oder ein kontinuierliches Engagement in einer bestimmten politischen Partei geworden. Durch ihre Reaktion auf die veränderten Rahmenbedingungen des politischen Wettbewerbs haben sich die Parteien also selbst für eine feste Wählerbindung und erst recht für eine dauerhafte Mitgliedschaft unattraktiv gemacht. Es gibt keine Veranlassung zu der Annahme, dass sich das in absehbarer Zeit wieder ändern würde. Eher ist mit einem weiteren Rückgang der Parteimitgliedschaft zu rechnen – und infolgedessen auch mit schwindenden Kenntnissen aus dem Innenleben des politischen Betriebs bei einem erheblichen Teil der Bürgerschaft.

Die Bedeutung dieser Veränderungen für den demokratischen Betrieb ist kaum zu überschätzen. In der konsolidierten Demokratie der »glorreichen drei Jahrzehnte« waren die aktiven Parteimitglieder Vermittler zwischen dem Innen und Außen der Politik. Das gilt vor allem für die Lokal- und Regionalpolitik. Sie hatten Einblick in die Mechanismen der strategischen Mehrheitsbildung, deren Vorbereitung und der dafür erforderlichen Zeit, der notwendigen Kompromisse und schließlich der Entscheidungsfindung, und sie kommunizierten das in ihrer sozialen Umgebung, vom Stammtisch bis zum Freundeskreis (es handelte sich um eine wesentlich männliche Population, die sich damals mit politischen Fragen beschäftigte), und diejenigen, die an diesen Gesprächen teilnahmen, in denen die vermeintlichen oder tatsächlichen Insider der Parteipolitik erklärten, warum man diese Entscheidung so getroffen habe oder warum man in bestimmten Fragen nicht weiterkomme, hatten im optimalen Fall das Gefühl, selbst halbe Insider zu sein, die wiederum völligen Outsidern erklären konnten, wie Politik funktionierte und womit demnächst zu rechnen sei oder wovon man auf keinen Fall ausgehen solle. Die Weitergabe eines bestimmten Wissens war hierbei zugleich ein Mittel zum Aufbau von Sozialprestige bei den Parteimitgliedern und zur Herstellung von Bindungen an eine Partei, durch die einerseits Engagement honoriert und andererseits Vertrauen in den demokratischen Betrieb geschaffen wurde.

Vor allem konnten hier aber auch Erwartungen an und Enttäuschungen über »die Politik« kommuniziert werden, die von den engagierten Parteimitgliedern anschließend auf dem umgekehrten Weg als Zwischenträger oder Transmissionsriemen in die Parteiorganisation zurückkommuniziert wurden, die ihrerseits darauf reagieren konnte. Tat sie das, so steigerte dies das Prestige der Parteimitglieder weiter, die das ihrem Einfluss in der Partei zuschreiben konnten. Ganz offensichtlich waren sie wichtig. Ebenso war die Aufnahme der Erwartungen aber auch eine Bestätigung für die Responsivität der jeweiligen Partei gegenüber den »Sorgen und Nöten« der Bevölkerung, wie es so schön hieß.[125] Diese Mechanismen einer Motivierung zur Parteimitgliedschaft und der parteipolitischen Früherkennung von Herausforderungen und Problemen gibt es nicht mehr. Sie sind mit dem Schwund an Parteimitgliedern und dem Wandel der Parteiorganisation verloren gegangen. Das wäre verkraftbar, wenn an deren Stelle Funktionsäquivalente getreten wären. Das ist jedoch nicht der Fall. Dadurch haben die Parteien einen Teil ihrer Bedeutung für den demokratischen Prozess verloren, und dieser ersatzlose Verlust hat zu einem Schwund des Legitimitätsglaubens gegenüber der Demokratie geführt.

Dem Wandel der Parteien steht eine Veränderung in der Lebensführung und im beruflichen Fortkommen derer gegenüber, die früher Parteimitglieder oder verlässlich Engagierte geworden wären. Diese Veränderungen haben dazu geführt, dass Parteimitgliedschaft und politisches Engagement unattraktiv oder gar unmöglich geworden sind. Das beginnt mit der nicht mehr plausiblen Aussicht auf einen Zugewinn an Sozialprestige durch politisches Engagement, jedenfalls bei all jenen, die ehrenamtlich Politik betreiben (was im Verhältnis zu den Berufspolitikern die große Mehrheit und das Humusbeet der Demokratie ist), seitdem der in der Politik vorherrschende Ton gereizt ist und persönliche Bedrohungen von Politikerinnen und Politikern beziehungsweise ihrer Familien gehäuft vorkommen. Man muss schon ein gehöriges Maß an Idealismus und obendrein physischem Mut mitbringen, um sich auf ein Engagement einzulassen, bei dem eher Ärger als Anerkennung zu gewärtigen ist. Es kommen die Probleme hinzu, die mit dem veränderten Rollenbild von Beziehungen und Partnerschaften zu tun haben: In den »glorreichen Jahrzehnten der Demokratie« waren es vorwiegend Männer, die »Politik machten« und dem mindestens einen Abend pro Woche (zumeist waren es mehr) widmeten, während die Frauen zu Hause blieben, sich um die Kinder kümmerten und, wie man damals sagte, ihrem Mann »den Rücken freihielten«. Die Männer wiederum waren beruflich ortsfest, mussten um des beruflichen Fortkommens willen nicht den Wohnort wechseln und konnten dementsprechend von dem »in der Politik« angesammelten Sozialprestige beziehungsweise den dabei geknüpften Verbindungen profitieren. Sozialer Aufstieg, politisches Engagement und häuslicher Frieden verstärkten sich auf diese Weise wechselseitig – in vielen Fällen durchaus auf Kosten der Frauen, doch das waren Kosten, die nicht gegengerechnet wurden. Das demokratische Leben ruhte auf einem sozialen Fundament, das nicht zuletzt durch Ungleichheit und Ungerechtigkeit gekennzeichnet war. Das sollte man im Auge behalten, wenn diese Vergangenheit glorifiziert wird. Die Ungleichheit von Mann und Frau bei der Chance zu politischem Engagement war eine Selbstverständlichkeit. Diese Selbstverständlichkeit ist mit dem Wandel der Gesellschaft und dem Fortschritt zu mehr sozialer Gerechtigkeit verschwunden, vielleicht nicht gänzlich, aber doch in erheblichem Umfang.

Wie nahezu alle Institutionen ist auch die Demokratie in ihrer konkreten Ausgestaltung von sozialstrukturellen Voraussetzungen abhängig, auf deren Fortbestand sie keinen nennenswerten Einfluss hat und als liberale Demokratie auch nicht haben sollte.[126] Aber sie kann sich um die Bereitstellung von Kompensationen und Funktionsäquivalenten bemühen, und mitunter muss sie das auch, etwa durch bestimmte Anreizsysteme und sozialstaatliche Maßnahmen. Im Fall des politischen Engagements ist das jedoch heikel. Man kann sich schlecht vorstellen, dass der Staat oder die Kommunen für die Kinderbetreuung alleinerziehender Mütter und Väter aufkommen, damit diese ihre Abende auf politischen Veranstaltungen zubringen können, und es ist von der Sache her auch keineswegs erstrebenswert, eine bislang ehrenamtliche politische Tätigkeit in einen bezahlten Halbtagsjob zu verwandeln und damit generell ehrenamtliches Engagement in semiprofessionelle Tätigkeiten zu verwandeln. Das würde nämlich, erstens, zu Fehlanreizen führen, und wäre, zweitens, die Ursache einer verstärkten Oligarchisierung des politischen Betriebs im Sinn von Robert Michels‹ »ehernem Gesetz der Oligarchie«.[127] Das freiwillige politische Engagement der Bürgerinnen und Bürger als Grundlage der demokratischen Ordnung lässt sich nicht durch seine Verwandlung in eine bezahlte Tätigkeit erhalten, da Professionalität auf die Zurückdrängung, wenn nicht Abschaffung von Freiwilligkeit hinausläuft. Man muss also andere Anreize finden, um die Bürgerschaft zu politischem Engagement zu motivieren. Dabei sind materielle Ausgleiche nicht grundsätzlich auszuschließen (es gibt sie ja auch bereits in Form von Aufwandsentschädigungen), aber sie sollten auf keinen Fall im Mittelpunkt des Engagements stehen. Stattdessen muss die ideelle Anerkennung eines gemeinwohlbezogenen Engagements stärkere Berücksichtigung finden, wie überhaupt die Gemeinwohlvorstellung neben dem zuletzt stark herausgestellten Gerechtigkeitsgedanken eine größere Beachtung finden sollte.

An den Graswurzeln der Demokratie wächst politischer Sachverstand

Woran liegt es, dass solch ein Appell für mehr Engagement der Bürgerinnen und Bürger schnell im Verdacht einer Sonntagspredigt steht? Oben bereits war davon die Rede, dass die Bilanz des Engagements im Wesentlichen gleichgeblieben ist, nur dass innerhalb dieser Gesamtbilanz eine signifikante Verschiebung vom genuin *politischen* zum *sozialen* Engagement stattgefunden hat,[128] konkret: von den politischen Parteien zu Nichtregierungsorganisationen, die sich etwa auf den Klimawandel und das Artensterben, das Schicksal politischer Gefangenen und die Rettung der vom Ertrinken bedrohten Migrantinnen und Migranten im Mittelmeer konzentrieren. Diese und ähnliche Nichtregierungsorganisationen, die sich weithin auf ein einziges, moralisch anerkanntes, wenngleich politisch nicht unumstrittenes Thema fokussieren, sind zu Quasi-Monopolisten der Gemeinwohlvorstellung geworden, während die multithematisch aufgestellten politischen Parteien in den Ruf geraten sind, vorwiegend die Interessen ihrer Klientel zu vertreten und diesen im demokratischen Prozess Vorteile zu verschaffen. Obendrein haben Korruptionsskandale um einzelne Politikerinnen und Politiker in der allgemeinen Politikwahrnehmung eine verheerende Rolle gespielt. Kurzum, es hat sich die Vorstellung durchgesetzt, dass Nichtregierungsorganisationen für das Gemeinwohl arbeiten, während politische Parteien interessenegoistisch ausgerichtet sind. Dementsprechend hat sich auch das Engagement und dessen Bewertung verändert: Wer bei Nichtregierungsorganisationen mitmacht, denkt an das Wohl aller; wer in eine politische Partei eintritt, denkt an sich und seine Karriere.

So sehr diese Vorstellung eine episodische Evidenz haben mag, so wenig ist sie ein zuverlässiges Bild von Gesellschaft und Demokratie. Zunächst ist hier zwischen konsolidierten und beschädigten Demokratien zu unterscheiden: Während defekte Demokratien durch ein hohes Maß an tatsächlicher Korruption und latenter Korruptibilität der politischen Klasse gekennzeichnet sind, ist beides in konsolidierten Demokratien nach wie vor eine Ausnahme. Die rechts- wie linkspopulistische Kritik an liberalen Demokratien stellt Werteverfall und moralische Korruption jedoch als deren Wesensmerkmal heraus, während sie einige dezidiert illiberale Demokratien oder autoritäre Regime, in denen Korruption zum politischen Alltag gehört, zum Vorbild erhebt. Das hat neben der Anerkennungsverschiebung von politischen Parteien zu Nichtregierungsorganisationen, die ihrerseits vorwiegend im liberalen Spektrum zu konstatieren ist, in den populistischen Parolen zuneigenden Kreisen zu einem Negativbild des demokratischen Rechtsstaats geführt, durch das ein latent vorhandenes Missbehagen an der liberalen Demokratie noch einmal kräftig verstärkt worden ist. Das Image des demokratischen Prozesses hat darunter erheblich gelitten.

Die Präferenz von ihrer Einstellung her liberalen Bürgerinnen und Bürgern, sich eher bei Nichtregierungsorganisationen als bei politischen Parteien zu engagieren, wird noch dadurch verstärkt, dass das Engagement dort weniger zeitaufwendig ist und zumeist nur in Spenden besteht, aus denen die Nichtregierungsorganisationen dann semiprofessionell Engagierte bezahlen, um entweder öffentlichkeitswirksame Aktionen durchzuführen oder die dem Organisationszweck entsprechenden Leistungen zu erbringen. Im Unterschied dazu engagieren sich Menschen, die populistischen Grundeinstellungen zuneigen, durchaus in politischen

Parteien, die dann aber nicht oder nur rudimentär am demokratischen Prozess teilnehmen, sondern die Parlamente als Tribünen für die Verbreitung ihrer Parolen nutzen. Die liberale Demokratie ist so in die Klemme zwischen dem Desengagement ihrer Anhänger und einer forcierten Obstruktion seitens ihrer Gegner geraten. Die einzige dauerhafte erfolgversprechende Reaktion darauf besteht darin, das politikpartizipative Engagement der überzeugten Demokratinnen und Demokraten wieder zu erhöhen, um ein allmähliches Austrocknen der Demokratie von den Wurzeln her zu verhindern und die Auslieferung der Demokratie an ihre Feinde zu blockieren.

Die Möglichkeiten dazu können hier nur umrissen werden. Wichtig ist zunächst eine sorgsame Analyse des Problems einer Bedrohung der Demokratie infolge der Erosion des politischen Engagements. Diese Herausforderung lässt sich nur zu einem geringen Teil durch die organisatorische Modernisierung der politischen Parteien beantworten, insofern sich das Problem weniger auf der Ebene des Gesamtstaates stellt, wo die Politik ohnehin weitgehend professionalisiert ist, sondern im Wesentlichen auf der lokalen Ebene angesiedelt ist, also an den »Graswurzeln der Demokratie«, wo ehrenamtliche Tätigkeit und freiwilliges Engagement überwiegen und sich die beschriebenen strukturellen Veränderungen der Gesellschaft besonders stark bemerkbar machen. Hier ist darüber nachzudenken, ob und wie veränderte Formen des bürgerschaftlichen Engagements eine nachhaltige Umkehr der jüngeren Entwicklungen bewirken können, von der Ergänzung des Wahlverfahrens durch eine aleatorische Aufgabenzuweisung – also ein Einsatz, der von Los und Würfel bestimmt wird – die mit der Gleichheit aller Bürgerinnen und Bürger in radikaler Weise ernst macht,[129] bis hin zu organisatorisch offenen Formen der Bürgerbeteiligung, bei denen auch jene in Entscheidungssituationen versetzt werden, die sich sonst nie politisch engagieren würden. Die Kommunalpolitik, ein Feld, das beim Nachdenken über die Zukunft der Demokratie zumeist übersehen wird, könnte so zum Experimentierfeld werden, auf dem die Chancen und Möglichkeiten einer zukünftigen Demokratie ausgelotet und durchprobiert werden.

Dabei geht es nicht nur um die Entwicklung neuer Partizipationsmöglichkeiten und das Herausfinden bislang ungenutzter Anreize zu politischem Engagement, sondern auch um die damit verbundene Entstehung eines spezifisch politischen Sachverstands, wie er für den erfolgreichen Betrieb einer Demokratie unverzichtbar ist. Selbstverständlich kann und muss Sachverstand in Form der Expertise von Spezialistinnen und Spezialisten fortwährend und ohne Ausnahme eingeholt und in den demokratischen Prozess eingespeist werden, aber in welcher Weise er dabei zum Tragen kommt, ist keine Angelegenheit der Expertinnen und Experten, sondern obliegt demokratisch gewählten Gremien, in denen der Rat von Spezialisten nicht nur in fachlicher Hinsicht, sondern auch im Hinblick auf seine Folgen, die angestrebten wie die nichtintendierten, zu beurteilen ist.[130] Diese Evaluationskompetenz ist ein wesentlicher Bestandteil des politischen Sachverstands, dessen Mangel sich etwa bei Entscheidungen zum Wohnungsbau der öffentlichen Hand beziehungsweise der Verfügbarkeit kommunaler Wohnungen in städtischen Ballungszentren bemerkbar macht, nachdem sich in den letzten Jahrzehnten eine Dominanz betriebswirtschaftlichen Denkens breitgemacht hat, die zu Abhängigkeiten und Versorgungsdefiziten geführt hat. Die müssen jetzt unter hohem finanziellen Aufwand revidiert werden. Die zumeist als Neoliberalismus bezeichnete

»Herrschaft der Betriebswirte« ist nicht zuletzt eine Folge fehlenden genuin politischen Sachverstands, der auch die langfristigen Folgen von Entscheidungen im Auge behält und nicht auf die gerade kostengünstigste Lösung setzt. Er ist also auf einer Metaebene gegenüber den Vor- und Ratschlägen der Experten und Spezialisten angesiedelt. Wo er fehlt oder es an ihm mangelt, gewinnen bestimmte Expertenpositionen die Oberhand, die, wie im angesprochenen Fall, aus betriebswirtschaftlicher Sicht zum Verkauf der kommunalen Wohnungen und ihrer Überstellung an den Markt geraten haben.

Bürgerschaftliches Engagement und politische Kompetenz als Lebenselixier der Demokratie

Wieso aber genügt es für das zuverlässige Funktionieren einer Demokratie eigentlich nicht, wenn sich die Bürgerinnen und Bürger in möglichst großer Zahl an den Wahlen beteiligen und dabei Regierungen abwählen oder im Amt bestätigen – oder für eine Neugruppierung der Koalitionen sorgen, während ansonsten die regelmäßigen Umfragen der Demoskopen in »der Politik« aufmerksam zur Kenntnis genommen werden, um den Erwartungshaltungen und Stimmungslagen in der Bevölkerung Rechnung zu tragen? Warum eigentlich sollen demoskopische Dauerbeobachtung plus Wahlen als politisch verbindlicher »Ernsthaftigkeitstest« auf die Ergebnisse der Demoskopen nicht als hinreichendes, effektives, mit geringen Reibungsverlusten und noch geringerem Zeit- und Arbeitsaufwand der Bürgerinnen und Bürger verbundenes Responsivitätssystem funktionieren? Jedenfalls auf gesamtstaatlicher Ebene. Auf kommunaler und lokaler Ebene würde die Spitze der Verwaltung sich ebenfalls regelmäßigen Wahlen stellen müssen, die im Wesentlichen auf einen »Beliebtheitstest« hinauslaufen, und daneben würde eine gewählte kommunale Vertretungskörperschaft im Jahresrhythmus den Haushalt der Kommune beschließen und ein wachsames Auge auf die Einhaltung des Beschlossenen haben, sodass sich der Zeitaufwand für die daran Beteiligten in Grenzen halten lässt. Politiktheoretisch formuliert, würde das darauf hinauslaufen, die Ordnung des Gemeinwesens eher von den Governancestrukturen als vom politischen Engagement der Bürgerinnen und Bürger und von parteipolitischen Kontroversen her zu denken. Die Demokratie würde dann auf eine qua Wahlen regelmäßige und qua Demoskopie kontinuierliche *Output*-bezogene Ergebniskontrolle der verantwortlichen Politikerinnen und Politiker hinauslaufen. Von Teilen der einschlägigen Wissenschaft – Politikwissenschaftlerinnen, Verwaltungswissenschaftlern und Juristinnen – ist die Entwicklung der letzten Jahrzehnte implizit wie explizit in diesem Sinn beschrieben worden, und demgemäß haben sie ihre Aufmerksamkeit auch mehr auf die Optimierung der Governancestrukturen als auf eine Erhöhung des demokratischen *Inputs* der Bürgerschaft gerichtet. Müssten sie sich dafür rechtfertigen, so würden sie wohl darauf verweisen, dass sie das beobachten, was tatsächlich der Fall ist, und dass sie nicht einem Ideal nachhängen, das infolge des sozialstrukturellen Wandels nicht mehr zu verwirklichen sei.

Man kann darin *Erstens* eine Akkommodation der Demokratietheorie an die Verhältnisse der modernen Gesellschaften sehen: an die Erosion der sozialmoralischen Milieus, den Schwund des klassischen Bildungsbürgertums, aus dem das Gros der Engagierten kam, die hohe räumliche Mobilität bei der Organisation beruflicher Karrieren und an die veränderten Lebensentwürfe und Gepflogenheiten der Menschen. Man kann das mit David

Runciman aber *Zweitens* auch als den Eintritt der Demokratie in die Periode ihrer Erschöpfung und Vergleichgültigung begreifen, in eine Phase des Vitalitätsverlustes, die von Runciman als *midlife crisis* bezeichnet worden ist: Die auf bürgerschaftliche Partizipation hin angelegte und auf sie angewiesene Ordnung der Demokratie ist nicht mehr in der Lage, die erforderliche Energie – das Engagement der Bürgerinnen und Bürger und deren Bereitschaft zum Aufbau politischer Kompetenz – zu mobilisieren und hat sich deswegen in einem reduzierten Zustand eingerichtet, den sie auch mit geringem Aufwand aufrechtzuerhalten hofft. Und man kann schließlich auch noch – *drittens* – zu dem Ergebnis kommen, dass sich die im demokratischen Rechtsstaat miteinander verbundenen Imperative des Liberalen und des Demokratischen wieder voneinander separiert haben, und der Garant der Liberalität nicht länger in der politischen Partizipation der Bürgerschaft, sondern in der Aufsicht und Kontrolle der Gerichte über Politik und Administration zu suchen sei, während sich das Demokratische auf der einen Seite kontinuierlich ausdünne und auf der anderen Seite in Gestalt des Populismus sich als freilaufender Voluntarismus gegen die liberalen Restriktionen der demokratischen Ordnung kehre.

Welcher Einschätzung man auch immer zuneigt – es ist eine, in der die Zukunft der Demokratie nicht gerade großgeschrieben wird.

Warum aber, um die gestellte Frage noch einmal zu wiederholen, soll eine zukunftsfähige und zukunftsgewisse Demokratie auf ein hohes Maß an bürgerschaftlicher Partizipation sowie politischer Kompetenz und Urteilskraft der Bürgerinnen und Bürger angewiesen sein? – Die Antwort auf diese Frage kann kurz und bündig ausfallen: Die Idee der Demokratie beruht nun einmal, unabhängig von ihrer konkreten institutionellen Ausgestaltung, auf der Vorstellung, dass die Kontrolle der Regierung und ihres Handelns *letzten Endes* beim Volk liegt und dass dieses Volk im Akt der Wahl auch die *Grundentscheidung* über den von der Regierung einzuschlagenden politischen Kurs trifft. Beides zusammen ist die Minimaldefinition der Demokratie, jenseits deren nicht mehr von einer Demokratie gesprochen werden kann. In der klassischen Vorstellung von den Typen politischer Ordnung liegt jenseits der Demokratie die Oligarchie, die sich zur Aristokratie, zur Herrschaft der Tüchtigsten und am meisten Geeigneten beziehungsweise am besten dazu Befähigten steigern, die aber auch zu einer Beutegemeinschaft der Mächtigen und Vermögenden degenerieren kann. Aus demokratischer Sicht besteht das Problem der nichtdemokratischen Ordnungen in der Frage, wer über die Eignung und Befähigung der die Macht Ausübenden entscheidet, wer sie auswählt, wenn es nicht das Volk als die Gesamtheit der von den Entscheidungen der Regierenden Betroffenen ist. Hinter dieser Frage steht die Vermutung, dass eine anfänglich tatsächlich von den Besten und am meisten Befähigten, dazu Wohlwollenden und Aufrichtigen ausgeübte Politik mit der Zeit in einen Niedergang hineingerät, in dessen Verlauf schließlich die nur noch an ihren eigenen Vorlieben und Vorteilen Interessierten an die Macht gelangen. Demokratie im Sinn einer Herrschaft der vom Machtgebrauch Betroffenen ist also – auch – so etwas wie eine Versicherung gegen derartige Degenerationsprozesse. Dieser Aspekt ist in den jüngeren Demokratietheorien in den Hintergrund getreten, hat in der klassischen Demokratietheorie der Antike und der frühen Neuzeit aber eine bedeutende Rolle gespielt.[131]

Diese Kontrollaufgabe des Volkes und die mit ihr verbundene Degenerationsblockade ist aber nicht nur eine Mängelanzeige gegenüber den diversen

Varianten der Oligarchie einschließlich Bürokratie, Technokratie und Epistokratie, sondern zuerst und vor allem ein Imperativ für die Demokratie selbst. Um diesem Imperativ zu genügen, bedarf es nicht nur partizipationsbereiter Bürgerinnen und Bürger, sondern auch solcher, die hinreichend politisch kompetent sind, also Sachverstand und Urteilskraft besitzen, um diese Aufgabe wahrnehmen zu können. Über die Probleme der Partizipationsbereitschaft wurde bereits geschrieben; bleibt somit die Frage, wie politische Kompetenz, Beurteilungsfähigkeit und Urteilskraft entstehen und woher sie kommen. Sicherlich kommt man dabei nicht ohne eine Form des Lernens durch Lektüre aus, bei der es um die Aneignung von Wissen geht. Aber wichtiger noch ist das Lernen in Gestalt der Teilnahme am politischen Prozess, am Beratschlagen und Entscheiden, wodurch eine Vorstellung *von* und Befähigung *zu* Aushandlungsprozessen entsteht, ein Gefühl für riskante Entscheidungen beziehungsweise die verborgenen Risiken von Entschlüssen, die auf den ersten Blick harmlos erscheinen, es aber nicht sind, darüber hinaus eine Sensibilität für die rhetorischen Strategien der Protagonisten eines Vorhabens und die Fähigkeit, überzeugende Gegenargumente dazu ins Spiel zu bringen; nicht zuletzt aber auch ein großer Respekt für diejenigen, die verantwortlich Politik betreiben, insofern zur kontrollierenden Beobachtung nicht nur kritisches Hinschauen, sondern auch die Anerkennung bedeutender Leistungen gehört. All das ist nur zu haben bei politischem Engagement. Ohne dieses ist die Demokratie in ihrer grundlegenden Funktionalität eingeschränkt. Politisches Engagement ist die Voraussetzung für eine kompetente Beteiligung am demokratischen Prozess. Wo es fehlt, nehmen Missmut und Misstrauen überhand. Eine Demokratie ohne Engagement der Bürgerinnen und Bürger ist nicht überlebensfähig – wenn sie eine Zukunft haben soll, müssen vor allem in diesem Bereich neue Ansätze entwickelt werden. ●

Eine Demokratie
ohne Engagement
der Bürgerinnen und
Bürger ist nicht
überlebensfähig –
wenn sie eine Zukunft
haben soll,
müssen vor allem
in diesem Bereich
neue Ansätze
entwickelt werden.

Literatur

A **Agnoli, Johannes:** *Die Transformation der Demokratie*, Frankfurt am Main 1968.

Alemann, Ulrich von/Morlok, Martin/Spier, Tim (Hgg.): *Parteien ohne Mitglieder?*, Baden-Baden 2013.

Anders, Günther: *Die Antiquiertheit des Menschen*. Bd. 1: Über die Seele im Zeitalter der zweiten industriellen Revolution, [1956], München 1980.

Applebaum, Anne: *Die Verlockung des Autoritären. Warum antidemokratische Herrschaft so populär geworden ist*, München 2021.

Arendt, Hannah: *Vita activa oder Vom tätigen Leben* [1958], hrsg. von Thomas Meyer, München 2020.

B **Bahro, Rudolf:** *Logik der Rettung. Wer kann die Apokalypse aufhalten? Ein Versuch über die Grundlagen ökologischer Politik*, Stuttgart 1987.

Barth, Boris: *Europa nach dem Großen Krieg. Die Krise der Demokratie in der Zwischenkriegszeit 1918–1938*, Frankfurt am Main 2016.

Bauman, Zygmunt: *Liquid Fear. Fließende Angst*, Wien/Hamburg 2021.

Blühdorn, Ingolfur: *Simulative Demokratie*. Neue Politik nach der postdemokratischen Wende, Berlin 2024.

Brennan, Jason: *Gegen Demokratie. Warum wir die Politik nicht den Unvernünftigen überlassen dürfen*, Berlin 2017.

Bringmann, Klaus: *Das Volk regiert sich selbst. Eine Geschichte der Demokratie*, Darmstadt 2019.

Brodocz, André/Llanque, Marcus/Schaal, Gary S. (Hgg.): *Bedrohungen der Demokratie*, Wiesbaden 2008.

Buchstein, Hubertus: »Die Zumutungen der Demokratie. Von der normativen Theorie des Bürgers zur institutionell vermittelten Präferenzkompetenz«; in: Klaus von Beyme/Claus Offe (Hgg.), *Politische Theorien in der Ära der Transformation* (= PVS-Sonderheft 26), Opladen 1996, S. 295–324.

Ders./Nullmeier, Frank: »Einleitung. Die Postdemokratie-Debatte«; in: *Forschungsjournal Neue Soziale Bewegungen*, 19. Jg., 2006, Heft 4, S. 16–22.

Ders.: *Demokratie und Lotterie. Das Los als politisches Entscheidungsinstrument von der Antike bis zur EU*, Frankfurt/New York 2009.

Bundesministerium für Familie, Senioren, Frauen und Jugend (Hg.): *Zivilgesellschaft, soziales Kapital und freiwilliges Engagement in Deutschland, 1999 – 2004 – 2009*, München 2010.

Butter, Michael: *»Nichts ist, wie es scheint.« Über Verschwörungstheorien*, Berlin 2018.

C **Cassese, Sabino:** »Globale Dimensionen der Demokratie«; in: Graf/Meier (Hgg.), *Die Zukunft der Demokratie*, S. 265–291.

Colliot-Thélène, Catherine: *Demokratie ohne Volk*, Hamburg 2011.

Crouch, Colin: *Postdemokratie*, Frankfurt am Main 2008.

D **Dörner, Andreas:** *Politainment. Politik der medialen Erlebnisgesellschaft*, Frankfurt am Main 2001.

Dreier, Horst: »Vom Schwinden der Demokratie«; in: Graf/Meier (Hgg.), *Die Zukunft der Demokratie*, S. 29–81.

E **Enquete-Kommission »Zukunft des Bürgerschaftlichen Engagements« des Deutschen Bundestags:** *Bericht bürgerschaftliches Engagement: auf dem Weg in eine zukunftsfähige Bürgergesellschaft*, Opladen 2002.

F **Farge, Arlette:** *Lauffeuer in Paris. Die Stimme des Volkes im 18. Jahrhundert*, Stuttgart 1993.

Flaig, Egon: *Die Mehrheitsentscheidungen. Entstehung und kulturelle Dynamik*, Paderborn 2013.

Ders.: »Wie entscheidungsfähig sind Demokratien? Historische Rückbesinnung auf Gemeinwohl und politische Kohäsion«; in: Graf/Meier (Hgg.), *Die Zukunft der Demokratie*, S. 121–169.

Frankopan, Peter: *Die neuen Seidenstraßen. Gegenwart und Zukunft unserer Welt*, Berlin 2019.

Fukuyama, Francis: *Das Ende der Geschichte. Wo stehen wir?*, München 1992.

G

Geiselberger, Heinrich (Hg.): *Die große Regression. Eine internationale Debatte über die geistige Situation der Zeit*, Berlin 2017.

Gessen, Masha: *Der Mann ohne Gesicht. Wladimir Putin. Eine Enthüllung* [2013], München 2020.

Graf, Friedrich Wilhelm/Meier, Heinrich (Hgg.): *Die Zukunft der Demokratie. Kritik und Plädoyer*, München 2018.

Guéhenno, Jean-Marie: *Das Ende der Demokratie*, München 1994.

H

Hacke, Jens: *Existenzkrise der Demokratie. Zur politischen Theorie des Liberalismus in der Zwischenkriegszeit*, Berlin 2018.

Hagedorn, Ludger/Hasewend, Katharina/Randeria, Shalini (Hgg.): *Wenn Demokratien demokratisch untergehen*, Wien 2019.

Hamilton, Alexander/Madison, James/Jay, John: *Die Federalist-Artikel. Politische Theorie und Verfassungskommentar der amerikanischen Gründerväter*, hrsg., übersetzt, eingeleitet und kommentiert von Angela Adams und Willi Paul Adams, Paderborn u.a. 1994.

Hamilton, Clive/Ohlberg, Mareike: *Die lautlose Eroberung. Wie China westliche Demokratien unterwandert und die Welt neu ordnet*, München 2020.

Hammer, Dominick/Kajewski, Marie (Hgg.): *Okulare Demokratie. Der Bürger als Zuschauer*, Bielefeld 2017.

Han, Byung-Chul: *Infokratie. Digitalisierung und die Krise der Demokratie*, Berlin 2021.

Heinze, Rolf G./Olk, Thomas (Hgg.): *Bürgerengagement in Deutschland. Bestandsaufnahmen und Perspektiven*, Opladen 2001.

Hofmann, Wilhelm: »Die Demokratie der Bilder. Die Risiken und Chancen der audiovisuellen Demokratie«; in: Brodocz/Llanque/Schaal (Hg.), *Bedrohungen der Demokratie*, S. 270–286.

Holmes, Stephen/Krastev, Ivan: *Das Licht, das verlosch. Eine Abrechnung*, Berlin 2019.

Howard, Dick: *Die Grundlegung der amerikanischen Demokratie*, Frankfurt am Main 2001.

Hügelin, Thomas O.: *Tyrannei der Mehrheit. Eine ideengeschichtliche Studie*, Bern und Stuttgart 1977.

Huntington, Samuel: *The Third Wave. Democratization in the Late Twentieth Century*, Norman/Oklahoma 1993.

J

Jörke, Dirk: *Die Größe der Demokratie.* Über die räumliche Dimension von Herrschaft und Partizipation, Berlin 2019.

K

Kis, János: »Das Rätsel der ›illiberalen Demokratie‹ und was es uns über unseren Begriff der liberalen Demokratie verrät«; in: Hagedorn u.a. (Hgg.), *Wenn Demokratien demokratisch untergehen*, S. 73–94.

Kojève, Alexandre: *Hegel. Eine Vergegenwärtigung seines Denkens. Kommentar zur »Phänomenologie des Geistes«*, hrsg. von Iring Fetscher, Frankfurt am Main 1975.

Kondratieff, Nikolai: »Die Langen Wellen der Konjunktur«; in: *Archiv für Sozialwissenschaft und Sozialpolitik*, Bd. 56, 1926, S. 573–609.

Koß, Michael: *Demokratie ohne Mehrheit. Die Volksparteien von gestern und der Parlamentarismus von morgen*, München 2021.

Krastev, Ivan: »Die Entrüsteten. Politik des Protests«; in: Hagedorn u.a. (Hgg.), *Wenn Demokratien demokratisch untergehen*, S. 27–40.

Krause, Skadi Sirii: *Eine neue politische Wissenschaft für eine neue Welt. Alexis de Tocqueville im Spiegel seiner Zeit*, Berlin 2017.

L

La Boétie, Étienne de: *Von der freiwilligen Knechtschaft.* Unter Mitwirkung von Neidhard Bulst übersetzt und herausgegeben von Horst Günther, Frankfurt am Main 1980.

Laclau, Ernesto: *Die populistische Vernunft.* [2005] Mit einem Vorwort von Chantal Mouffe, Wien 2022.

Ders./Mouffe, Chantal: *Hegemonie und radikale Demokratie. Zur Dekonstruktion des Marxismus* [1985], Wien 1991.

Lepsius, M. Rainer: *Demokratie in Deutschland. Soziologisch-historische Konstellationsanalysen*, Göttingen 1993.

Lessenich, Stephan: *Grenzen der Demokratie. Teilhabe als Verteilungsproblem*, Ditzingen 2019.

Levitsky, Steven/Zieblatt, Daniel: *Wie Demokratien sterben. Und was wir dagegen tun können*, München 2018.

Lincoln, Abraham: *Gettysburg-Address* 1863. Mit einem Essay von Ekkehart Krippendorff, Hamburg 1994.

Llanque, Marcus: »Das genealogische Verhältnis der konstitutionellen Demokratie zur kosmopolitischen Menschenrechtsidee«; in: Brodocz/Llanque/Schaal (Hgg.), *Bedrohungen der Demokratie*, S. 311–333.

Luhmann, Niklas: *Legitimation durch Verfahren*, Neuwied, Berlin 1969.

Ders.: *Die Politik der Gesellschaft*, hrsg. von André Kieserling, Frankfurt am Main 2000.

M

Mann, Michael: *Geschichte der Macht. Bd. 1: Von den Anfängen bis zur griechischen Antike*, Frankfurt/New York 1990.

Manow, Philip: *Die politische Ökonomie des Populismus*, Berlin 2018.

Mason, Paul: *Faschismus. Und wie man ihn stoppt*, Berlin 2022.

McLuhan, Marshall: *Die Gutenberg-Galaxis. Das Ende des Buchzeitalters*, Düsseldorf/Wien 1968.

Meier, Christian: *Die parlamentarische Demokratie*, München/Wien 1999.

Meinel, Florian: *Vertrauensfrage. Zur Krise des heutigen Parlamen tarismus*, München 2019.

Merkel, Wolfgang/Puhle, Hans-Jürgen/Croissant, Aurel/Eicher, Claudia/Thiery, Peter: *Defekte Demokratie*. Band 1: Theorie, Opladen 2003.

Ders.: »Kosmopolitismus versus Kommunitarismus: Ein neuer Konflikt in der Demokratie«; in: Philipp Harfst u.a. (Hgg.), *Parties, Governments and Elites: The Comparative Study of Democracy*, Wiesbaden 2017, S. 9–23.

Meyer, Martin: *Ende der Geschichte?*, München/Wien 1993.

Meyer, Thomas: *Mediokratie. Die Kolonisierung der Politik durch das Mediensystem*, Frankfurt am Main 2001.

Michels, Robert: *Zur Soziologie des Parteiwesens in der modernen Demokratie. Untersuchungen über die oligarchischen Tendenzen des Gruppenlebens*, Stuttgart 1989 (4., erg. Auflage).

Michelsen, Danny/Walter, Franz: *Unpolitische Demokratie. Zur Krise der Repräsentation*, Berlin 2013.

Mouffe, Chantal: *Agonistik. Die Welt politisch denken*, Berlin 2014.

Dies.: *Für einen linken Populismus*, Berlin 2018.

Mudde, Cas/Rovira Kaltwasser, Cristobál: *Populismus: Eine sehr kurze Einführung*, Bonn 2019.

Müller, Jan Werner: »Was ist und zu welchem Zweck studiert man die ›illiberale Demokratie‹?«; in: Hagedorn u.a. (Hgg.), *Wenn Demokratien demokratisch untergehen*, S. 59–71.

Ders.: *Was ist Populismus?*, Berlin 2013.

Münkler, Herfried: »Juan Donoso Cortés und der spanische Katholizismus« in: *Pipers Handbuch der Politischen Ideen*, hrsg. von Iring Fetscher und Herfried Münkler, Bd. 4, München 1986, S. 277–286.

Ders.: »Der kompetente Bürger« in: Ansgar Klein/Rainer Schmalz-Bruns (Hrsg.), *Politische Beteiligung und Bürgerengagement in Deutschland. Möglichkeiten und Grenzen*, Baden-Baden 1997, S. 153–172.

Ders.: »Lahme Dame Demokratie. Kann der Verfassungsstaat im Systemwettbewerb noch bestehen?«; in: *Internationale Politik*, 65. Jg., 2010, Heft 3, S. 10–17.

Ders.: *Mitte und Maß. Der Kampf um die politische Ordnung*, Berlin 2010.

Ders./Münkler, Marina: *Die neuen Deutschen. Ein Land vor seiner Zukunft*, Berlin 2016.

Ders./Straßenberger, Grit: *Politische Theorie und Ideengeschichte. Eine Einführung*, München 2016.

Ders.: »Verkleinern und Entschleunigen – oder die Partizipationsformen neu arrangieren?«; in: Graf/Meier (Hgg.), *Die Zukunft der Demokratie*, S. 83–119.

Ders./Münkler, Marina: *Abschied vom Abstieg. Eine Agenda für Deutschland*, Berlin 2019.

Ders.: »Es ist nichts mehr, wie es war«; in: *Neue Gesellschaft/Frankfurter Hefte*, 4/2022, S. 4–7.

Ders.: »Die Mitte, die Linke, die Rechte – und die Extreme«; in: *Jahrbuch Extremismus und Demokratie*, 33. Jg. 2021, Baden-Baden 2022, S. 57–90.

Ders.: »Die europäische Nachkriegsordnung. Ein Nachruf«; in: *Aus Politik und Zeitgeschichte* (APuZ), 2022, Heft 28/29, S. 4–9.

Münkler, Laura: *Expertokratie*, Tübingen 2021.

Murswiek, Dietrich: »Die Mehrebenendemokratie in Europa – ein Ding der Unmöglichkeit?«; in: Graf/Meier (Hgg.), *Die Zukunft der Demokratie*, S. 293–340.

N

Nonhoff, Martin: »Die ökonomische Bedrohung demokratischer Selbstbestimmung. Das Verhältnis von Demokratie und Wohlfahrtsstaat«; in: Brodocz/Llanque/Schaal (Hg.), *Bedrohungen der Demokratie*, S. 287–308.

O

Ober, Josiah: *Demopolis – oder Was ist Demokratie?* Darmstadt 2017.

P

Pörksen, Bernhard: *Die große Gereiztheit. Wege aus der kollektiven Erregung*, München 2018.

Priddat, Birger: »Demokratie und demographischer Wandel«; in: Brodocz/Llanque/Schaal (Hgg.), *Bedrohungen der Demokratie*, S. 203–215.

Priester, Karin: *Rechter und linker Populismus. Annäherung an ein Chamäleon*, Frankfurt am Main 2012.

R

Riklin, Alois/Batliner, Gérard (Hgg.): *Subsidiarität. Ein interdisziplinäres Symposium*, Vaduz 1994.

Runciman, David: *So endet die Demokratie*, Frankfurt/New York 2020.

S

Saage, Richard: *Demokratietheorien. Historischer Prozess – Theoretische Entwicklung – Soziotechnische Bedingungen. Eine Einleitung*, Wiesbaden 2005.

Sartori, Giovanni: *Demokratietheorie*, Darmstadt 1997.

Schäfer, Armin/Zürn, Michael: *Die demokratische Regression. Die politischen Ursachen des autoritären Populismus*, Berlin 2021.

Schmalz-Bruns, Rainer: *Reflexive Demokratie. Die demokratische Transformation moderner Politik*, Baden-Baden 1995.

Schmidt, Manfred G.: »Zur Leistungsfähigkeit von Demokratien – Befunde neuerer vergleichender Analysen«; in: Brodocz u.a. (Hgg.), *Bedrohungen der Demokratie*, S. 29–41.

Schumpeter, Joseph A.: *Kapitalismus, Sozialismus und Demokratie* [engl. Original 1942], Tübingen 1950.

Snyder, Timothy: *Über Tyrannei. Zwanzig Lektionen für den Widerstand*, München 2017.

Streeck, Wolfgang: *Gekaufte Zeit. Die vertagte Krise des demokratischen Kapitalismus*, Berlin 2013.

Ders.: *Zwischen Globalismus und Demokratie. Politische Ökonomie im ausgehenden Neoliberalismus*, Berlin 2021.

Sunstein, Cass R.: *# republic. Divided Democracy in the Age of Social Media*, Princeton/New Jersey 2017.

T

Tarkiainen, Tuttu: *Die athenische Demokratie*, München 1972.

Tocqueville, Alexis de: *Über die Demokratie in Amerika*. Aus dem Franz. neu übertragen von Hans Zbinden. Mit einem Nachwort von Theodor Eschenburg, 2 Bde., Zürich 1987.

W

Weber, Max: »Politik als Beruf« [Oktober 1919]; in: ders., *Gesammelte Politische Schriften*, hrsg. von Johannes Winckelmann, Tübingen ^{4}1980, S. 505–560.

Wodak, Ruth: *Politik mit der Angst. Zur Wirkung rechtspopulistischer Diskurse*, Hamburg 2016.

Wolkenstein, Fabio: *Die dunkle Seite der Christdemokratie. Geschichte einer autoritären Versuchung*, München 2022.

Z

Zolo, Danilo: *Die demokratische Fürstenherrschaft. Eine realistische Theorie der Politik*, Göttingen 1997.

Endnoten

1 Schäfer/Zürn, *Die demokratische Regression*, insbes. S. 49ff.
2 Ich beziehe mich hier auf die Theorie der vier Machtsorten, wie sie von Michael Mann in seinem Buch *Geschichte der Macht*, Bd. 1, S. 46ff. entwickelt worden ist: Mann unterscheidet politische, wirtschaftliche, militärische und kulturelle bzw. ideologische Macht voneinander.
3 Dazu ausführlich Münkler, »Es ist nichts mehr, wie es war«, S. 4–7, sowie ders. »Die europäische Nachkriegsordnung. Ein Nachruf«, S. 4–9.
4 Vgl. Levitsky/Zieblatt, *Wie Demokratien sterben*, S. 86ff. und 170ff.
5 Vgl. Frankopan, *Die neuen Seidenstraßen*, sowie Hamilton/Ohlberg, *Die lautlose Eroberung*, insbes. S. 87ff.
6 Schäfer/Zürn, *Die demokratische Regression*, S. 9.
7 Ebd., S. 9f.; ebenso Schmidt, »Zur Leistungsfähigkeit von Demokratien«, S. 33.
8 Applebaum, *Die Verlockung des Autoritären*, insbes. S. 27ff. Applebaum knüpft an eine Studie von Freedom House aus dem Jahr 2011 an, die den Titel trug: *Freedom in the World 2011: The Authoritarian Challenge to Democracy*.
9 Dazu Münkler, »Lahme Dame Demokratie«, S. 10ff.
10 Aus der zuletzt schnell angewachsenen Literatur zum Populismus seien hier genannt: Mudde/Kaltwasser, *Populismus*; Müller, *Was ist Populismus?*, der dem soziokulturellen Erklärungsansatz nahesteht; und Manow, *Die politische Ökonomie des Populismus*, der eher den sozioökonomischen Ansatz vertritt.
11 Dazu Bringmann, *Das Volk regiert sich selbst*, S. 151ff., ebenso Sartori, *Demokratietheorie*, S. 274ff.
12 Tocqueville, *Über die Demokratie in Amerika*, Bd. 1, S. 375ff.; zu Tocquevilles Analyse der amerikanischen Demokratie insgesamt vgl. Krause, *Eine neue politische Wissenschaft für eine neue Welt*, S. 185–425; zur Tyranneifrage bei Tocqueville vgl. Hügelin, *Tyrannei der Mehrheit*, S. 179–201.
13 Vgl. hierzu insbes. die Artikel 9 und 10 in Hamilton/Madison/Jay, *Die Federalist-Artikel*, S. 44ff. und 50ff.; dazu auch Howard, *Die*

Grundlegung der amerikanischen Demokratie, S. 156–201; sowie Meier, *Die parlamentarische Demokratie*, S. 64ff.

14 Vgl. Münkler, »Lahme Dame Demokratie«, S. 10.

15 Vgl. Luhmann, *Legitimation durch Verfahren*, und ders. *Die Politik der Gesellschaft*.

16 Dazu noch ganz im optimistischen Duktus des Reflexivitätsgewinns Schmalz-Bruns, *Reflexive Demokratie*, insbes. S. 159–165.

17 Dazu Münkler, »Der kompetente Bürger«, S. 153ff., sowie Buchstein, »Zumutungen der Demokratie«, S. 295ff.

18 Das ist auch der in Applebaums Buch *Die Verlockung des Autoritären* vorherrschende Eindruck, in dem die Autorin die Aufbruchstimmung der Nachwendezeit in Ostmitteleuropa mit der resignativen bis feindseligen Stimmung gegenüber der Demokratie in den letzten Jahren kontrastiert; ähnlich, wenngleich mit anderen Begründungen, auch Holmes/Krastev, *Das Licht, das verlosch*, insbes. S. 277ff.; für eine frühe Auseinandersetzung mit diesen Fragen vgl. Michelsen/Walter, *Unpolitische Demokratie*, insbes. S. 105ff.

19 Fukuyama, *Das Ende der Geschichte*; für eine geschichtsphilosophisch angeleitete Auseinandersetzung mit den Thesen Fukuyamas vgl. Meyer, *Ende der Geschichte?*, passim.

20 Fukuyama, *Das Ende der Geschichte*, S. 11.

21 Kojève, *Hegel. Eine Vergegenwärtigung seines Denkens*, S. 90ff.

22 Fukuyama, *Das Ende der Geschichte*, S. 29ff.; speziell zur Krise der liberalen Demokratie, S. 33ff.

23 Ebd., S. 399ff.

24 Eine Zusammenstellung der Putsche und Staatsstreiche, die vom Baltikum bis nach Süd- und Südosteuropa den Demokratien ein Ende setzten, findet sich bei Barth, *Europa nach dem Großen Krieg*, S. 15. Für Barth ist die Krise der Demokratie in der Zwischenkriegszeit im Wesentlichen eine Krise des Liberalismus; dazu auch Hacke, *Existenzkrise der Demokratie*, passim.

25 Huntington, *The Third Wave*, passim.

26 Offenbar war das klassische Zyklenmodell der Geschichtsverläufe, das auf die mittlere Stoa, namentlich auf Polybios, zurückgeht, für Huntington zu geschichtsdeterministisch, weswegen er seine Überlegungen in dem zukunftsoffenen Modell der Wellenbewegungen formuliert hat.

27 Crouch, *Postdemokratie*, S. 10f.; dazu auch Buchstein/Nullmeier, »Die Postdemokratie-Debatte«, S. 16–22.

28 Runciman, *So endet die Demokratie*, S. 115ff.

29 Crouch, *Postdemokratie*, S. 10. Diese als neu herausgestellte These wurde schon Ende der 1960er Jahre von Johannes Agnoli in *Die Transformation der Demokratie* aufgestellt, ist also im Kern ein »alter Hut« der linken Pluralismuskritik; vgl. Michelsen/Walter, *Unpolitische Demokratie*, S. 121ff.

30 Crouch, *Postdemokratie*, S. 20–24.

31 Ebd., S. 26; eine ähnliche Position vertritt in Deutschland Wolfgang Streeck in seinen Büchern *Gekaufte Zeit* und *Zwischen Globalismus und Demokratie*.

32 Crouch, *Postdemokratie*, S. 30–41.

33 Runciman, *So endet die Demokratie*, S. 127ff.

34 Ebd., S. 133-136; die Vorstellung einer qua Internet ermöglichten Rückkehr zur antiken Demokratie findet sich unter anderem bei Ober, *Demopolis – oder was ist Demokratie?*, der die vorliberale Demokratie als Vorbild bei der Überwindung der Demokratiekrise präsentiert; als radikale Gegenposition dazu Han, *Infokratie*, der die Datenabschöpfung im Internet als Eintritt in den Kontrollstaat beschreibt.

35 Runciman, *So endet die Demokratie*, S. 123f.

36 Im Sinne von Ober, *Demopolis*, S. 250f. und 263, lässt sich darin ein Wiederaufleben des gegen die Drohung von Oligarchie oder Tyrannis gekehrten Verfahrens des Ostrakismos sehen, der befristeten Exilierung von Politikern aus Athen. Freilich spielt Ober die Bedeutung des Ostrakismos für das Funktionieren der attischen Demokratie stark herunter.

37 Runciman, *So endet die Demokratie*, S. 138ff.; in diesem Sinn auch Krastev, »Die Entrüsteten«, S. 32ff.

38 Dazu Barth, *Europa nach dem Großen Krieg*, S. 214–293, insbes. S. 269ff.

39 Runciman, *So endet die Demokratie*, S. 199ff.

40 Merkel u.a., *Defekte Demokratie*, S. 30ff.

41 Müller, »Wie und zu welchem Zweck studiert man die ›illiberale Demokratie‹?«, S. 69.

42 Merkel u.a., *Defekte Demokratie*, S. 65.

43 Ebd., S. 11.

44 Ebd., S. 16.

45 Ebd., S. 43.

46 Es kommt somit nicht von ungefähr, dass der ungarische Ministerpräsident Viktor Orbán für den von ihm beschrittenen Weg von der defekten zur Fassadendemokratie die Bezeichnung »illiberale Demokratie« gewählt hat. In einer Rede vom 29. Juli 2018 sagte er dazu: »Lassen Sie uns getrost

erklären, dass die christliche Demokratie nicht liberal ist. Die liberale Demokratie ist liberal, während die christliche Demokratie per Definition nicht liberal ist. [...] Die liberale Demokratie befürwortet den Multikulturalismus, während die Christdemokratie der christlichen Kultur den Vorrang gibt; dies ist ein illiberales Konzept. Die liberale Demokratie ist für Einwanderung, während die christliche Demokratie gegen Einwanderung ist; auch dies ist ein wirklich illiberales Konzept. Und die liberale Demokratie stellt sich auf die Seite der anpassungsfähigen Familienmodelle, während die christliche Demokratie auf der Grundlage des christlichen Familienmodells ruht; auch dies ist ein illiberales Konzept.« (zit. Nach Schäfer/Zürn, *Die demokratische Regression*, S. 167). Unverkennbar zielt die Stoßrichtung des Christlich-Illiberalen bei Orbán auf die Individual- und Minderheitenrechte, die drastisch eingeschränkt werden sollen. Sucht man nach ideengeschichtlichen Vorbildern für diese Absage an die Idee des Liberalen, stößt man unweigerlich auf den spanischen Antiliberalen Juan Donoso Cortés, der im Kampf gegen die Liberalität zu einem Theorieprotagonisten der Diktatur wurde; vgl. Münkler, »Donoso Cortés«, S. 277ff.; zu den illiberalen Wurzeln des politischen Katholizismus und damit auch einiger christdemokratischen Parteien vgl. Wolkenstein, *Die dunkle Seite der Christdemokratie*, S. 35–89. Zum Themenkomplex »illiberale Demokratie« vgl. Müller, »Was ist und zu welchem Zweck studiert man die ›illiberale Demokratie‹?«, der darauf abhebt, dass sich hinter dem Wort »illiberal« nicht eine andere Auffassung von Demokratie verbirgt, sondern dass es um eine weitgehende Einschränkung der Demokratie geht; vgl. auch Kis, »Das Rätsel der ›illiberalen Demokratie‹«.

47 Merkel u.a., *Defekte Demokratie*, S. 47f.

48 Ebd., S. 50ff.

49 Dazu ausführlich Lessenich, *Die Grenzen der Demokratie*, insbes. S. 45ff., der die Demokratie als ein permanentes Gegeneinander von Inklusion und Exklusion, von Öffnen und Schließen beschreibt und den faktischen Ausschluss der untersten Schichten der Gesellschaft von demokratischer Teilhabe beklagt.

50 Lincoln, *Gettysburg Address*, S. 10.

51 Dazu Guéhenno, *Das Ende der Demokratie*, passim.

52 La Boétie, *Von der freiwilligen Knechtschaft*, S. 29–95.

53 So hat Max Weber in seinem Vortrag *Politik als Beruf* aus dem Jahre 1920 die Formel vom »Bohren harter Bretter« als Enttäuschungsgrund für viele politisch Enthusiasmierte in die Debatte gebracht und den politischen Alltag als eine große Ernüchterung nach dem Rausch des Revolutionären bezeichnet.

54 Die ökonomische Entwicklungsbilanz der ostmittel- und südosteuropäischen Länder fällt sehr unterschiedlich aus; einige haben beträchtliche Wohlstandsgewinne erzielt, die freilich zu einem erheblichen Teil durch die Integration in den europäischen Markt erzielt wurden; bei anderen sind die Wohlstandsgewinne in den Taschen von Oligarchen verschwunden und nicht in der Breite der Gesellschaft angelangt, was als Folge eines Demokratiedefizits – Korruption und Oligarchisierung der Wirtschaft – angesehen werden kann. In großen Teilen der Bevölkerung hat dies zu einer wachsenden Skepsis gegenüber der Demokratie geführt. Stephen Holmes und Ivan Krastev erklären dies in ihrem Buch *Das Licht, das verlosch* mit der enttäuschten Erwartung, die Nachahmung des »Westens« werde zu einem nachhaltigen wirtschaftlichen Aufschwung führen. Nachahmung, so ist hier festzuhalten, ist das Gegenteil gesteigerten politischen Engagements. Sie ist der Versuch, mit einem Minimum an eigener Kreativität durchschlagende Erfolge zu erzielen.

55 Zu den demokratiefreundlichen Rahmenbedingungen in der zweiten Hälfte des 20. Jahrhunderts und deren Auflösung vgl. zusammenfassend Schäfer/Zürn, *Demokratische Regression*, S. 33ff.

56 Dazu Levitsky/Ziblatt, *Wie Demokratien sterben*, S. 64–85.

57 Dazu Michelsen/Walter, *Unpolitische Demokratie*, S. 129–142.

58 Für den Vorschlag einer Fortentwicklung der parlamentarischen Demokratie in Orientierung an der antiken Demokratie sei hier auf Josiah Ober, *Demopolis*, insbes. S. 198ff., verwiesen; das Projekt eines Rückbaus der Demokratie in eine Epistokratie findet sich bei Jason Brennan, *Gegen Demokratie*, passim; für eine kritische Auseinandersetzung mit diesen Vorschlägen vor allem im Hinblick auf ihre Praktikabilität vgl. Bringmann, *Das Volk regiert sich selbst*, S. 292–302. Die Vorstellung von einer Entlastung des demokratischen Prozesses durch stärkere Führung von oben findet sich bei Zolo, *Die demokratische Fürstenherrschaft*, S. 37ff.

59 Betrachtet man mit Sabino Cassese (»Globale Dimensionen der Demokratie«, S. 268–273) die schrittweise Ausdehnung

der Demokratie auf globaler Ebene als eine im Demokratieprinzip angelegte Tendenz, so handelt es sich um mehr als eine geografische Selbstbeschränkung oder einen politischen Rückzug in Anbetracht ausufernder Kosten und Lasten, sondern um die Infragestellung von eigentlich unaufgebbaren Elementen im Demokratieverständnis.

60 Dazu Dreier, »Vom Schwinden der Demokratie«, S. 41ff.

61 Vgl. oben, S. 40ff.

62 Zur Transformation Russlands aus den Ansätzen einer Demokratie in eine imperiale Diktatur mit inszenierten Wahlen vgl. Gessen, *Der Mann ohne Gesicht: Wladimir Putin*, passim.

63 Dazu Münkler, »Verkleinern und Entschleunigen?«, S. 85–88.

64 McLuhan, *Die Gutenberg-Galaxis*.

65 Zur Volksversammlung in der attischen Demokratie, ihrer Zusammensetzung und Arbeitsweise sowie den mit ihr verbundenen Machtbefugnissen vgl. Tarkiainen, *Die athenische Demokratie*, S. 224–242. Das bezüglich der Volksversammlung Gesagte gilt auch für die Dikasterien, die Volksgerichte, die ebenfalls nach Vortrag der gegensätzlichen Positionen ohne längere Beratung eine Entscheidung trafen; dazu Bringmann, *Das Volk regiert sich selbst*, S. 97–110.

66 Repräsentation und Responsivität sind nach inzwischen vorherrschender Auffassung die beiden Grundpfeiler der demokratischen Ordnung; vgl. Dreier, »Vom Schwinden der Demokratie«, S. 36–38.

67 Dazu Meinel, *Vertrauensfrage*, S. 100ff.

68 Zuletzt ist der Althistoriker Egon Flaig als ein entschiedener Verfechter der Mehrheitsregel im demokratischen Entscheidungsverfahren hervorgetreten; vgl. Flaig, *Die Mehrheitsentscheidung*, sowie ders., »Wie entscheidungsfähig sind Demokratien?«, S. 122ff.

69 Zum Versprechen des Internets, die Gewichte zwischen Staat und Bürger zugunsten der Letzteren zu verschieben, und dem Ergebnis, dass das Internet vor allem zum Überwachungsinstrument nichtdemokratischer Regime geworden ist, vgl. Runciman, *So endet die Demokratie*, S. 147ff.; zum »(Alb-)Traum der digitalen Demokratie« vgl. auch Michelsen/Walter, *Unpolitische Demokratie*, S. 217ff.; Die beiden Autoren fassen die Ambivalenz des Internets für die Demokratie so zusammen: »Wenngleich es [das Internet] großartige Chancen bietet, brüchige Despotien zum Einsturz zu bringen und dunkle Geheimdienste heller auszuleuchten,

also: die Befreiung der Menschen von äußerem Zwang voranzutreiben, kann es relativ wenig dazu beitragen, der einmal gewonnenen Freiheit in gefestigten Demokratien zu neuem Leben zu verhelfen.« (S. 226).

70 Dazu Pörksen, *Die große Gereiztheit*, der im »Zeitalter der indiskreten Medien« die Kulmination mehrerer Krisen infolge des Internets miteinander verbunden sieht: Der Wegfall der Filter, die den kuratierten Medien eigen waren, in der Welt des Internets, überfordert und erregt die meisten Menschen.

71 Das Zusammenhandeln der Bürgerinnen und Bürger (*symprattein*) ist für Hannah Arendt (*Vita activa*) das Wesensmerkmal des Politischen; dieses Zusammenhandeln und die mit ihm verbundene Erfahrung des Politischen geht in der *liquid democracy* und bei e-*participation* verloren.

72 Es handelt sich um die Kontroverse zwischen den »Federalists« und den »Antifederalists«.

73 Dazu Farge, *Lauffeuer in Paris*, S. 93ff. und 242ff.

74 Vgl. den Abschnitt »Lügenkaskaden« in Applebaum, *Die Verlockung des Autoritären*, S. 109-143.

75 Vgl. insbes. den von Hamilton verfassten Federalist Nr. 9; Hamilton, Madison/Jay, *Die Federalist-Artikel*, S. 44-50.

76 Der wichtigste und einflussreichste Vertreter dieser Demokratiekonzeption war im deutschsprachigen Raum Ralf Dahrendorf.

77 Timothy Snyder hat in seinem unter dem Eindruck der Präsidentschaft Donald Trumps geschriebenen Essay Über *Tyrannei* vor dem Internet als Verbreitungsort von Verschwörungstheorien gewarnt und dazu aufgefordert, sich an Bücher und die Qualitätspresse zu halten, vgl. S. 59 und 73ff.

78 Vgl. oben, S. 33ff.

79 Vgl. oben, S. 38.

80 Die langen Wellen, die Nikolai Kondratieff 1926 in seinem Artikel »Die langen Wellen der Konjunktur« beschrieb, verlaufen über Zeiträume von 40 bis 60 Jahren und überlagern die kurzen Konjunkturzyklen, die bis dahin die wirtschaftsgeschichtlichen Beobachtungen dominierten. Sie weisen eine längere Aufstiegs- und eine kürzere Niedergangsphase auf und werden durch grundlegende technologische Innovationen ausgelöst, die zu einer veränderten Produktionsorganisation führen. Vor allem der Ökonom Joseph Schumpeter hat Kondratieffs Theorie aufgegriffen und weiterentwickelt.

81 Vgl. Münkler/Münkler, *Abschied vom Abstieg*, S. 173ff.

82 Dazu Münkler, *Mitte und Maß*, S. 205ff., sowie ders., »Die Mitte, die Linke, die Rechte – und die Extreme«, S. 53ff.

83 Mason, *Faschismus*, insbes. S. 31–102.

84 Ebd., insbes. S. 185–227.

85 Für eine knappe Analyse der rechtsextremistischen Strategie vgl. Münkler, »Die Mitte, die Linke, die Rechte – und die Extreme«, S. 87ff.

86 Es ist bemerkenswert, dass es in dem im Jahr 2017 von Heinrich Geiselberger herausgegebenen Sammelband *Die große Regression*, in dem internationale Urteile »Über die geistige Situation der Zeit« zusammengestellt sind, im Wesentlichen um die Kriseneffekte des »späten Neoliberalismus« und die »Krise der liberalen Eliten« geht und die Krise der Demokratie selbst nur eine nachgeordnete, aus der Krise des Neoliberalismus abgeleitete Rolle spielt. Das schnelle Veralten der darin angestellten Diagnosen zeigt die dramatische Beschleunigung der Veränderung im Verlauf der letzten fünf Jahre.

87 Dazu Koß, *Demokratie ohne Mehrheit?*, S. 117ff.

88 Schumpeter, *Kapitalismus, Sozialismus und Demokratie*, S. 427ff.

89 Saage, *Demokratietheorien*, S. 246ff.

90 Applebaum, *Die Verlockung des Autoritären*, S. 152f.

91 Michelsen/Walter, *Unpolitische Demokratie*, S. 173; der Rückzug der Bürgerinnen und Bürger aus dem politischen Engagement und die wachsende Neigung, Politik im Modus verärgerter Kommentierung zu konsumieren, anstatt sie aktiv mitzugestalten, ist, worauf Thomas Meyer in seinem Buch *Mediokratie* schon früh hingewiesen hat, durch eine zunehmende »Kolonisierung der Politik durch die Medien« befördert worden. Dazu auch Dörner, *Politainment*. Zur zeitlichen Überforderung der Bürgerinnen und Bürger durch politisches Engagement in Parteien vgl. Münkler/Münkler, *Abschied vom Abstieg*, S. 257–266.

92 Kritisch zu Kommissionen und Konsensrunden Michelsen/Walter, *Unpolitische Demokratie*, S. 179ff.; von einer Entscheidungsverlagerung in nicht durch Wahlen legitimierte und seitens der Bürgerschaft nicht kontrollierbare Gremien sprechen Schäfer/Zürn, *Die demokratische Regression*, S. 11ff.

93 Ob die Theorie der Deliberation als Kernbestandteil der Demokratie, wie sie im Anschluss an Jürgen Habermas zeitweilig die Debatte beherrscht hat, ebenfalls als eine am

Konsens orientierte Demokratietheorie anzusehen ist, wie Michelsen und Walter (*Unpolitische Demokratie*, S. 213ff.) das tun, kann hier dahingestellt bleiben. Nimmt man die Mehrheitsentscheidung als Wesenselement der Demokratie, so ist ein auf den »zwanglosen Zwang des besseren Arguments« gestütztes Verfahren als Verschwinden-Machen der Dezision anzusehen. Stellt man dagegen eine möglichst breite Zustimmung der Bürgerinnen und Bürger als für die Demokratie typisch heraus, so ist Deliberation im Sinne abwägenden Beratens ein Element des demokratischen Prozesses, das die so bezeichneten »Kampfabstimmungen« nach Möglichkeit unnötig machen soll.

94 Mouffe, *Agonistik*, insbes. S. 45ff. Mouffes Arbeiten haben nicht zuletzt durch ihre eingehende Rezeption Carl Schmitts und seiner Parlamentarismus- sowie Liberalismuskritik Aufsehen erregt.

95 Mouffe, *Für einen linken Populismus*, insbes. S. 51ff. Eine theoretisch anspruchsvolle Grundlegung dieses Gedankens findet sich bei Ernesto Laclau in *Die populistische Vernunft*, der von einer »Verleumdung der Massen« in der repräsentativen und diskurszentrierten Demokratie spricht, der er »das Volk« als Träger eines politischen Willens entgegenstellt. Dazu auch Laclau/Mouffe, *Hegemonie und radikale Demokratie*.

96 Gegen Laclaus und Mouffes Argumentation ist eingewandt worden, sie gebe die Tradition der Aufklärung preis, der sich sowohl die Demokratie als auch die politische Linke verbunden wüssten, setze bedingungslos auf den politischen Kampf, in dem kurzfristige Interessen dominierten und längerfristige Fragen und Problemlösungen in den Hintergrund träten, und vor allem übersähe sie, dass bei diesem Modell der Demokratie zuletzt der Rechtspopulismus und die Verehrung charismatischer Führerfiguren gewinnen würden; vgl. etwa Priester, *Rechter und linker Populismus*.

97 Dass die bestehende liberale Demokratie einen strukturellen Drall zu den Mächtigen und Reichen habe und die unteren Schichten notorisch vernachlässige, ist eines ihrer von Schäfer/Zürn in *Die demokratische Regression*, S. 18, herausgestellten Defizite.

98 Das ist die Sicht, die neben Chantal Mouffe auch von Paul Mason in seinem Buch *Faschismus. Und wie man ihn stoppt*, insbes. S. 303f., vertreten wird.

99 Vgl. Münkler/Münkler, *Die neuen Deutschen*, S. 30ff.

100 So etwa Colliot-Thélène, *Demokratie ohne Volk*, S. 47ff.

101 Dazu Murswiek, »Die Mehrebenendemokratie in Europa«, S. 296ff.

102 Riklin/Batliner, *Subsidiarität.*

103 Während Wolfgang Merkel in »Kosmopolitismus versus Kommunitarismus«, S. 9ff., mit Blick auf die politischen Präferenzen der Wähler diesen Gegensatz stark macht, stellt Marcus Llanque in »Das genealogische Verhältnis der konstitutionellen Demokratie zur kosmopolitischen Menschenrechtsidee«, S. 311ff., die für die liberale Demokratie zentrale Gleichursprünglichkeit von demokratischer Entscheidung und konstitutioneller Bindung heraus.

104 Dazu Priddat, »Demokratie und demographischer Wandel«, S. 203ff., sowie Nonhoff, »Die ökonomische Bedrohung demokratischer Selbstbestimmung«, S. 287ff.

105 Die demokratische Responsivität gegenüber der Entwicklung des Wohlfahrtsstaates stellt eine zentrale Differenz zur Wohlfahrt in Rentierstaaten dar, wo der erforderliche Finanzbedarf aus der Kapitalisierung von Bodenschätzen, etwa Erdöl und Erdgas, gedeckt wird – und nicht aus der Besteuerung von Einkommen. Im Rentierstaat entscheidet die politische Führung aus eigener Macht über das Ausmaß des Wohlfahrtsstaates, befindet sich also in einer paternalistischen Position und »überschüttet« das Volk mit Wohltaten. Dafür erwartet sie Dankbarkeit. Es kommt somit nicht von ungefähr, dass sich in Rentierstaaten so gut wie keine Demokratien entwickelt haben, da im Ausgleich für die Besteuerung, die hier eher gering ist, keine Mitspracherechte eingefordert werden können.

106 Michels, *Zur Soziologie des Parteiwesens in der modernen Demokratie,* S. 342ff.

107 Das Fluide moderner beziehungsweise postmoderner Gesellschaften ist das große Thema des Soziologen Zygmunt Bauman, der sich aber mehr mit der zerstörerischen Kraft der »fließenden Angst« als mit den stabilisierenden Kräften institutioneller Arrangements und verlässlicher Gesellschaftsverträge beschäftigt hat; vgl. etwa Bauman, *Liquid Fear,* S. 140ff. und 187ff.; zur Bedeutung der Angst als Bedrohung der Demokratie auch Wodak, *Politik mit der Angst.*

108 Priddat, »Demokratie und demographischer Wandel«, S. 213ff.

109 Vgl. oben, S. 24f.

110 Hofmann, »Die Demokratie der Bilder«, S. 270–286.

111 Ebd., S. 276f.

112 Ebd., S. 275 und 282.

113 Ebd., S. 275 und 279.
113a Dazu Jörke, *Die Größe der Demokratie*, passim.
114 Anders, *Die Antiquiertheit des Menschen*, Bd. 1, S. 233ff.
115 Runciman, *So endet die Demokratie*, S. 103.
116 Bahro, *Logik der Rettung*, passim.
117 Dass man aus der Konsumentenrolle eine Kontrollposition machen kann, wird in dem Buch von Hammer/Kajewski (Hg.), *Okulare Demokratie*, thematisiert.
118 Dazu Butter, *»Nichts ist, wie es scheint«. Über Verschwörungstheorien*, sowie Sunstein, *#republic. Divided Democracy in the Age of Social Media*.
119 Vgl. dazu die bereits ältere Studie von Heinze/Olk (Hgg.), *Bürgerengagement in Deutschland*, sowie die vom Familienministerium herausgegebene Untersuchung *Zivilgesellschaft, soziales Kapital und freiwilliges Engagement in Deutschland*, und den Enquetekommissionsbericht *Bürgerschaftliches Engagement*.
120 Dazu Alemann/Morlok/Spier (Hgg.), *Parteien ohne Mitglieder?*
121 Vgl. oben, S. 102f.
122 Oben, S. 43ff.
123 Oben, S. 57.
124 Zum sozialmoralischen Milieu als Begriff und Realität vgl. Lepsius, *Demokratie in Deutschland*, S. 11–50.
125 Weil dabei einige größeren Einfluss hatten als andere, kann man dieses System einer Erwartungsbearbeitung, die häufig an den offiziellen Kanälen vorbei erfolgt, auch als im Prinzip korrupt beschreiben. Das ändert indes nichts daran, dass es starke Effekte für die Parteibindung hatte und für eine erhebliche Sensibilität der Parteiorganisation gegenüber vielen erst im Ansatz wahrgenommenen Problemen sorgte.
126 Das ist eine Variante des so genannten Böckenförde-Theorems, wonach die Demokratie auf Voraussetzungen beruht, über die sie keine Kontrolle hat und die sie auch nicht schaffen kann.
127 S. 196, Anm. 106.
128 Vgl. oben, S. 151.
129 Dazu Buchstein, *Demokratie und Lotterie*, insbes. S. 241.
130 Vgl. Laura Münkler, *Expertokratie*, passim.
131 Dazu Münkler/Straßenberger, *Politische Theorie und Ideengeschichte*, S. 150ff.

Der Autor

Herfried Münkler, geboren 1951, ist emeritierter Professor für Politikwissenschaften an der Berliner Humboldt Universität. Viele seiner Bücher gelten als Standardwerke, etwa *Die Deutschen und ihre Mythen* (2009), das mit dem Preis der Leipziger Buchmesse ausgezeichnet wurde, sowie *Der Große Krieg* (2013), *Die neuen Deutschen* (2016), *Der Dreißigjährige Krieg* (2017), und zuletzt *Marx, Wagner, Nietzsche. Welt im Umbruch* (2021), die alle monatelang auf der Spiegel Bestsellerliste standen. Herfried Münkler wurde vielfach ausgezeichnet, u.a. mit dem Wissenschaftspreis der Aby Warburg Stiftung und dem Carl Friedrich von Siemens Fellowship.

Impressum

Liebe Leser*innen,
bleiben wir in Verbindung!
Wir freuen uns auf Ihre Anregungen, Kritik und Wünsche.

leserbrief@brandstaetterverlag.com

Viele weitere Bücher für spannende Debatten und Denkanstöße finden Sie unter **www.brandstaetterverlag.com**

Für Informationen und weitere Titel aus der Reihe **Auf dem Punkt** besuchen Sie

ISBN 978-3-7106-0651-9

3. Auflage, 2025

Papier: Salzer EOS 1,5-fach (FSC®- und PEFC-zertifiziert)
Druck: Finidr, Český Těšín (Tschechische Republik)

Grafische Gestaltung: Capitale Design Studio
Schriften: Grotta, Novel Pro
Lektorat: Martin Kulik
Projektleitung: Judith E. Innerhofer

Wir tragen Verantwortung

Aus diesem Grund haben wir uns auf den Weg gemacht, um unseren Einfluss auf das Klima und auf den Planeten zu minimieren. Anstelle von Kompensationszahlungen, und über die üblichen Umweltlabel hinausgehend, haben wir uns das Ziel gesteckt, den CO_2-Ausstoß auf allen Ebenen signifikant zu verringern — entlang der gesamten Wertschöpfungskette von der Idee bis zum Buch in Ihren Händen. Mehr Informationen finden Sie unter

www.brandstaetterverlag.com/nachhaltigkeit

Bei Fragen zur Sicherheit unserer Produkte wenden Sie sich bitte an verantwortung@brandstaetterverlag.com